身につけて便利バッグに

結び方をかえるだけで、1枚の布がかわいいバッグに変身。
巻く、つける、背負うなど、いろいろな場面で
おしゃれに役立たせましょう。

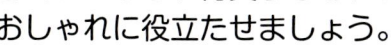

 おけいこバッグ → p30

ドロップバッグ → p31

シュシュつき → p31

ウエストポーチ ➡ p23

おなかポケット ➡ p24

背負う ➡ p25

お出かけに便利

園の送り迎えやお散歩、レジャーの時にもふろしきは大活躍。
1枚持っていれば、急な雨や日差しの強い時にも安心です。

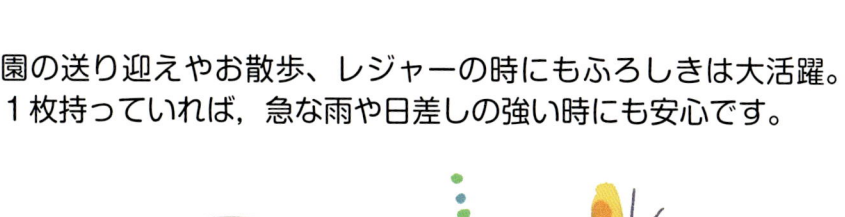

子どもリュック → p33

帽子 → p34

ベビーカーバッグ

→ p36

らくちん らくちん

抱っこ補助のスリング

→ p37

ちょこっとコスプレ

布1枚で大変身!?
なりきりファッションが大好きな子どもたちの歓声が聞こえそうです。

水着 → p39

エプロン → p44

浴衣の帯 → p43

ミニエプロン → p44

折り紙感覚でつくる・折る

折ったり、ほどいたり……。失敗しても何度でもやり直せるのが布のよいところ。布の柄や色を選んで、かわいい動物をつくりましょう。

金魚 ➡ p46

ヘビ ➡ p46

カメ ➡ p50

ふろしきラッピング

ちょっとしたプレゼントもおしゃれに包んで渡せば、
あなたの好感度もぐーんとアップ。
気に入った柄の布でクッションや椅子を包んで、
ひと味ちがったコーディネイトを楽しみましょう。

染めて遊ぼう

身近な野菜や草などを使って、簡単染めもの遊びをしましょう。
子どもたちの自由な発想で素敵な作品が生まれそうですね。

タマネギ染め ➡ p72

ろうけつ染め ➡ p74

かわいいシュシュ

シュシュ ➡ p79

1枚の布で 包む 結ぶ 折る

ふろしきで遊ぼう

横山 功

[染め]も
あるよ

いかだ社

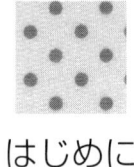

はじめに

　レジ袋に紙袋、包装に空き箱と、私たちの身の回りには使い捨ての"物たち"であふれています。何度か再利用しても結局は長持ちせず、リサイクルにも大量のエネルギーを費やしているのが現状ではないでしょうか。

　11年前の学生時代、僕は物であふれる部屋に仰向けになっていました。もっとシンプルに生きられないものか。そんな時、心の中にひらひらと舞い降りてきたのは1枚の「ふろしき」でした。必要な時、必要なものにすばやく姿を変え、用が済めば元に戻るシンプルで万能な伝統文化ふろしき。ただの四角い一枚布・ふろしきだけを使って何でもやってみよう！

　そう思い立ち、さっそくふろしき包みで旅に出ました。荷物が増えて持ちづらくなっても結び方を変えれば快適になり、旅の途中で出会ったおばあさんたちからも技を学びました。身軽ながら、臨機応変に自ら工夫する創造的な旅は感動的で、帰って来てからも、日々ふろしきを使い続け、ゼミのテーマも「ふろしき」に。

　元をたどれば、布は本来、織った四角い形のままで使うものでした。それを巻き、結び、折りたたんで、1枚をさまざまに使い回す……折り紙の実用版がふろしきといえるでしょう。ふろしきの柔軟な底力に自信を得て、海外旅行もふろしきのみで出かけましたが、軽くてかさばらない上に何でも包め、たためばロープ代わりにもなる。どんな場面でもふろしきで解決してしまうという楽しい旅となりました。飛行場のターンテーブルでは、トランクに混じりふろしき包みが流れてきて、ひと目で自分の荷物がわかりました。

　日常のお買い物にバッグ代わりとして、アウトドアや非常時にリュックのように背負って、など、遊びや保育の場においても幅広く活用できます。保育士さんのポシェットやエプロン、子どもの帽子やウエストポーチ……。それらがみな、ただ結ぶだけで完成します。ほどけば元通りになり、何度でも練習したり形を変えて新しい物に生まれ変わります。そうやって身につけた技が一生、さまざまな場面で役立ちます。

　縄文時代に織られた麻布も「ふろしき」と捉えれば、1万年以上の歴史をもつふろしき。この1枚の布を結んでひらいて、日常生活の場面で活用してみませんか。

横山　功

もくじ

はじめに …………………… 18

基本の結び方 …………… 20
真結び・ひとつ結び

身につける
ふろしきの帯 …………… 22
ウエストポーチ ………… 23 …… (4)
おなかポケット ………… 24 …… (4)
背負う …………………… 25 …… (4)
長い物を背負う ………… 26 …… (2)

便利バッグ
買い物袋 ………………… 27 …… (2)
　取っ手を伸ばす ……………… (2)
きんちゃく袋 …………… 29 …… (3)
おけいこバッグ ………… 30 …… (1)
ドロップバッグ ………… 31 …… (1)
　シュシュ付き
ボール包み ……………… 32 …… (3)

お出かけに便利
子どもリュック ………… 33 …… (5)
帽子 ……………………… 34 …… (5)
　日よけ帽子・ヘルメット ……… (6)
ベビーカーバッグ ……… 36 …… (7)
抱っこ補助のスリング … 37 …… (7)
雨の日 …………………… 38
　マント・おんぶマント

ちょこっとコスプレ
水着 ……………………… 39 …… (8)
ショートスカート ……… 40
忍者・手袋 ……………… 41 …… (9)
浴衣の帯 ………………… 43 …… (10)
エプロン・ミニエプロン … 44 …… (8・10)
金太郎のよだれかけ …… 45 …… (11)

折り紙感覚でつくる・折る
金魚・ヘビ ……………… 46 …… (12)
魚 ………………………… 47 …… (13)
ウサギ …………………… 48 …… (13)
カタツムリ ……………… 49 …… (13)
カメ ……………………… 50 …… (12)

ふろしきラッピング
クッションカバー・
イスカバー ……………… 51 …… (14)
かごカバー・
ティッシュボックスカバー 52 …… (14・15)
びん包み ………………… 53 …… (15)
ひっかけ結び …………… 54 …… (15)
プレゼント包み ………… 55 …… (14)

ふろしきで遊ぼう
ふろしきボール遊び …… 56
ミニミニ動物園 ………… 58
忍者参上!! ……………… 60
ふろしきファッションショー …… 62
足ドーム ………………… 64
カメさんが転んだ！ …… 65
中身当てゲーム ………… 66
荷物運びゲーム（宅配便屋さんごっこ）…… 67
バンダナ手つなぎオニ … 68
楽しいハンカチ昔遊び … 69
お散歩ファッション …… 70
保育室を飾るアイディア …… 71

染めて遊ぼう
タマネギ染め …………… 72 …… (16)
ろうけつ染め …………… 74 …… (16)
オリジナルふろしきをつくろう …… 76
　ふろしき・手ぬぐい・ひも
布用スタンプ …………… 77
簡単アップリケつきふろしき … 78
シュシュ ………………… 79 …… (16)

FUROSHIKI ミニ知識
ふろしきの語源は？ …… 73
ふろしきは究極のエコ … 75
ふろしきのサイズと用途 …… 77

※作品横に記した「ふろしきSize」の目安は下記のとおりです。
小＝45〜50cm（中幅）
中＝68〜75cm（二幅〜二尺幅）
大＝90〜105cm（二尺四寸幅〜三幅）

基本の結び方

真結び

ふろしきを結ぶ時の基本です。いったん結ぶとほどけにくいですが、ほどく時には、ちょっとしたコツを知っておくと、すっとほどくことができます。

結び方

①

左手に持った角を上にして、1回結ぶ。

②

③

右手に持った角を上にして、もう1回結ぶ。

④

元をしっかりとしめる。

しっかり結んでね

Point

● 小さく結ぶ時は、角を引っぱらずに先をつまむだけにして、残りの指で元だけをしめます。

Point ✕

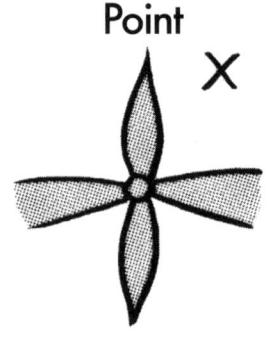

● 十字の縦結びは不安定です。❶と❸でどちらも左手（右手）を上にすると縦結びになります。

真結びのほどき方

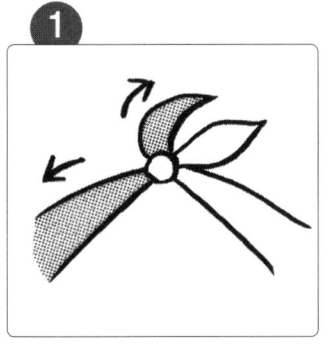 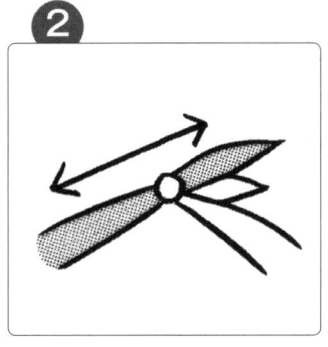 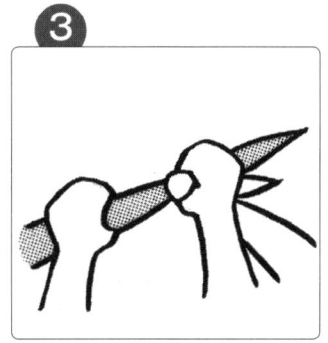

1 真結びの、片側の元と先を開くように引っぱる。

2 一直線にする。

3 結び目をつまんで引きぬく。

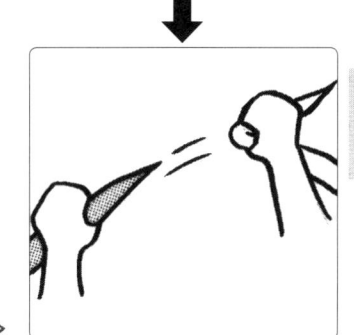

Point

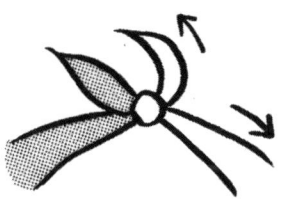

- ①で固い時は、反対側の元と先を開きます。
- 少しひねりながら引っぱると伸ばしやすいです。

はい、もとどおり♪

ひとつ結び

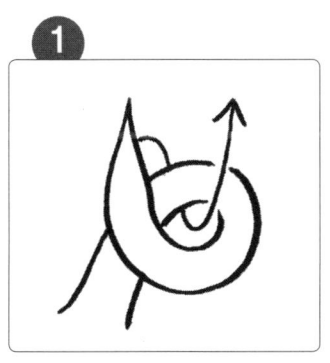 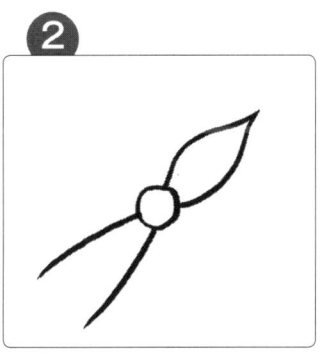 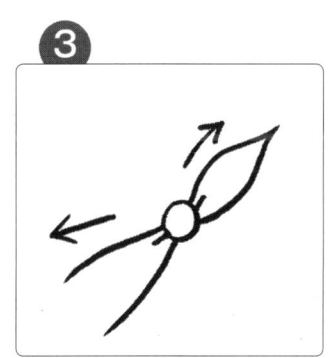

1 ひとつの角を曲げて円をつくり、円の中に先を通す。

3 結び目の先と元を引っぱってしめる。

ふろしきの帯

ふろしきSize
主に小

①
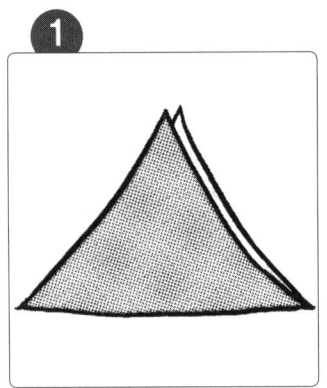
三角に折る。

②
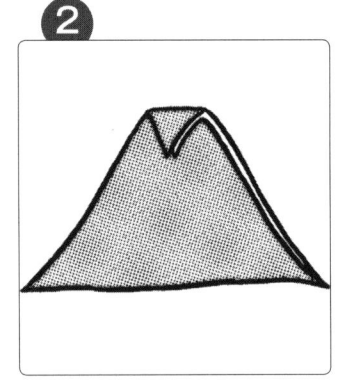
先端から折りたたんでいく。

③
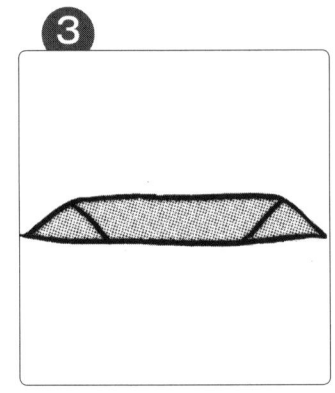
帯状にする。
※いろいろな物と一緒使うことの多い基本の帯です。覚えておきましょう。

使い方

1
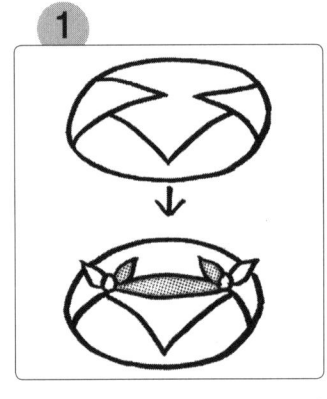
★角が届かない時に、真結びしてつなげる。

2

★ロープとして使う。つなげると長くなる。

3

★両脇の下に通し、体育座りしてひざの前で真結びすると支えになる。そのままあぐらの姿勢になってもよい。

Point

●帯が開いてしまう時は、ひとつ結びをしておくとほどけません。

なんだかお寺の小憎さんになったみたいだなあ

身につける

ウエストポーチ

ふろしきSize 小

ベルトにつけるだけで
ポケットがわりに使えます。
ふろしきはすぐに洗えるので、
汚れを気にせず何度でも使えますよ。

ベルトや帯を使う場合

① 隣り合った角を、ベルトの下から通す。

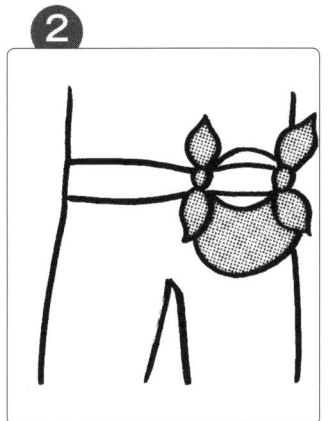
② 通した角を、それぞれの下にある角と真結びする。

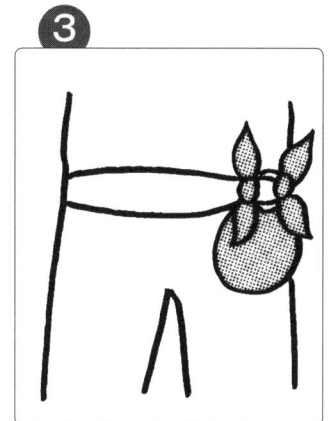
③ スライドができる。

> **Point**
> ● 真結びは大きめに。横にすき間ができないようにします。
> ● 口が狭い時は、結び目の元を引っぱると少し伸びます。
> ● ベルトや帯に通すと、いくつもつけることができます。

ベルトループを使う場合

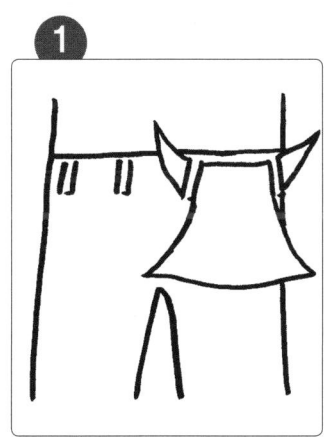
① 隣り合った角をそれぞれ、ベルトループの内側から通す。

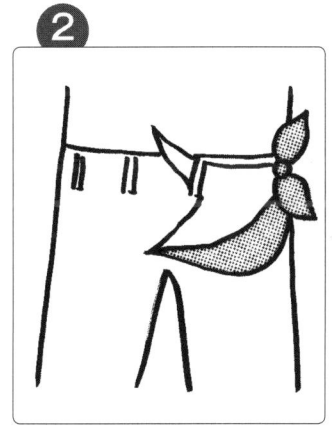
② 通した角を、それぞれの下にある角と真結びする。

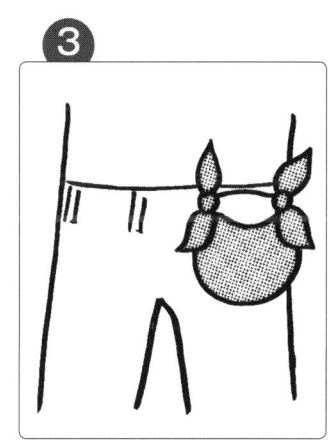
③

おなかポケット

ふろしきSize 大（幼児は中でも可）

貴重品を入れてから上着を着れば、盗難防止にも役立ちます。

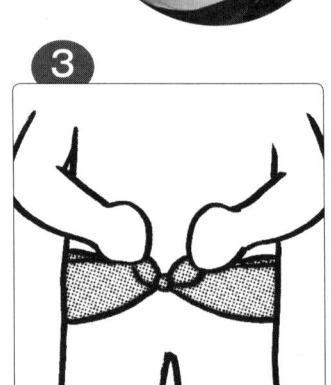

1
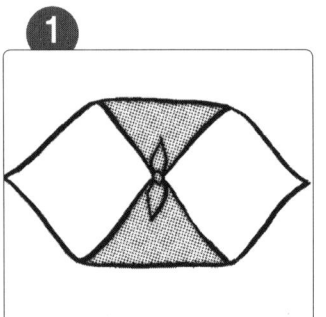

向かいを真結びして、結び目を中央に置く。

2
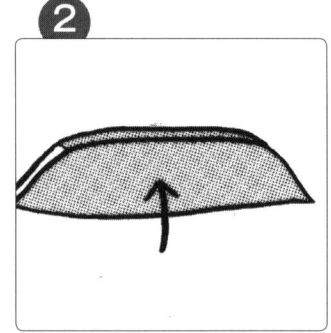

2つにたたむ。

3

口が上になるようにおなかや腰に回して、正面で真結びする。

4
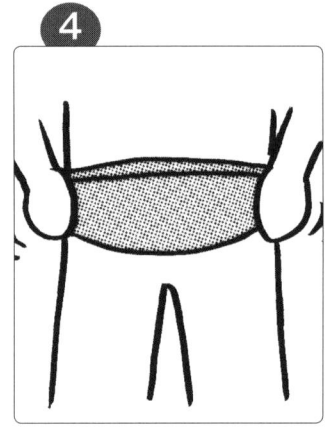

ポケットを前に回す。

5
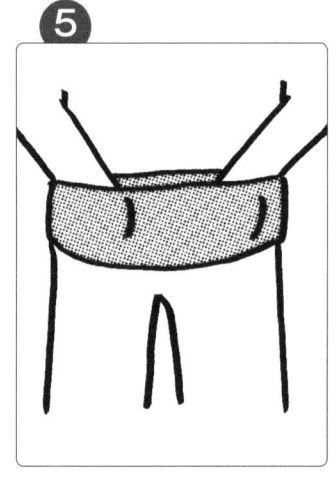

Point

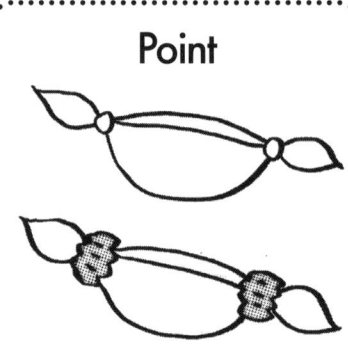

● ❷の状態で、左右をそれぞれひとつ結びをしたり、シュシュやゴムひもはめて、ポケットの形をつくってもよいでしょう。

たくさん入れてね

背負う

ふろしきSize 大

芋掘りなどでたくさん収穫できた時など、背負うのがいちばんらくちん！
両手が空くので、子どもたちとも手をつないで歩けますよ。

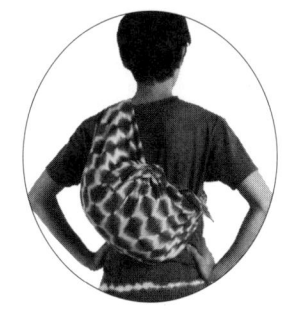

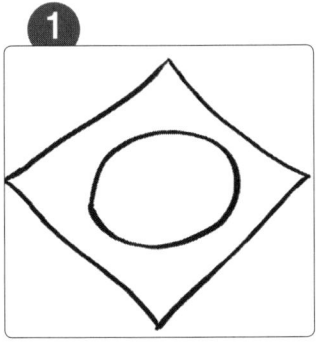

① ふろしきの中央に荷物を置く。

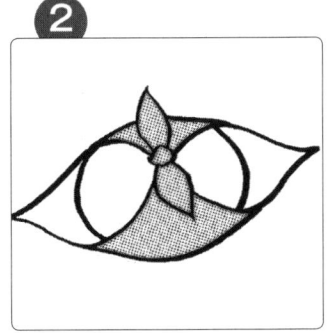

② 向かいをしっかりと真結びする。

③ 残りの角は、すき間が空くように小さめに真結びする。

④ 頭と片方の腕を通して背負う。

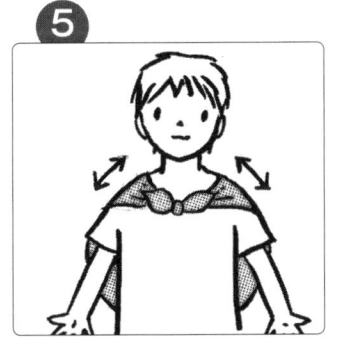

⑤ 頭だけを通す時は、首が絞まらないように肩にふろしきの布を広げる。

Point

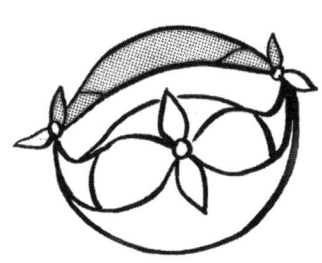

- 背中にフィットすると、背負った荷物が揺れなくて楽なので、結び目の大きさで調節しましょう。
- 荷物が大きくて角が届かない時やきつすぎる時は、p22の帯をつなげましょう。
- 細かい荷物は、あらかじめ別のふろしきや袋などでまとめてから背負いましょう。

長い物を背負う

ふろしきSize 本体は大　帯は小

芯に巻かれたポスターや模造紙など長い物を包む時に便利です。
雨の日などは、防水のふろしきにすると安心ですね。

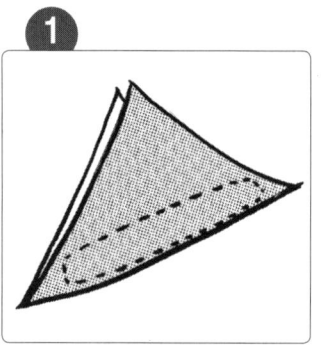

① ふろしきを三角に折った中に、長い荷物を入れる。

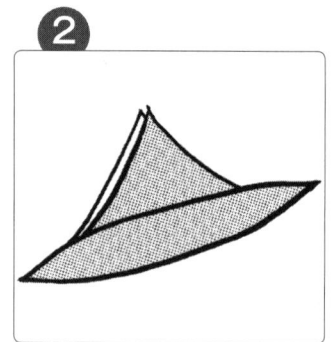

② 巻く。

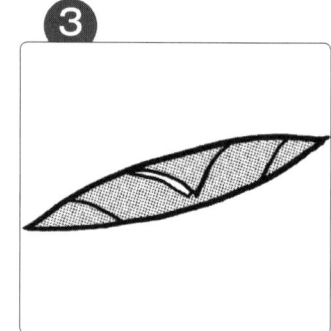

③ さらに巻く。

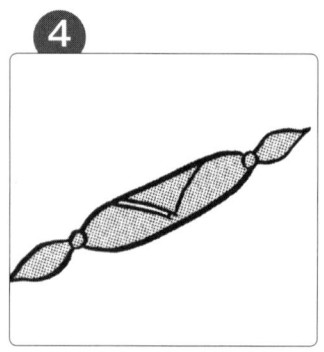

④ 荷物の両端の位置で、それぞれひとつ結びする。

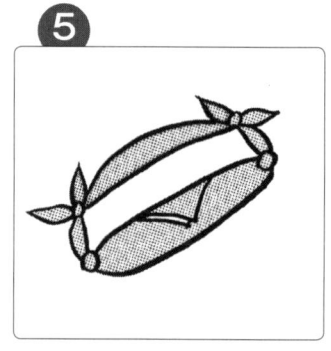

⑤ 左右の角にp22の帯を真結びしてつなげる。

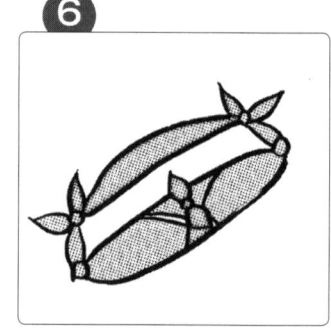

⑥ 巻いたふろしきの角が動かないように、ひもやp22の帯で結びとめる。

⑦ 頭と片方の腕を通して、斜めに背負う。

便利バッグ

ふろしきSize 大

買い物袋

意外とたくさん物が入るシンプルバッグ。
口もしっかり閉じるので、
中身が落ちる心配がありません。

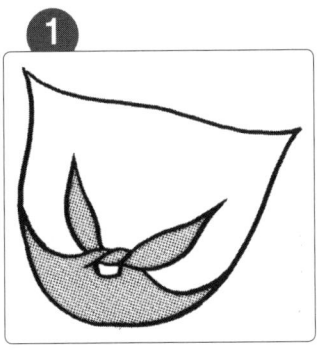

1 隣の角どうしを、左手に持った角を上にして1回だけ結ぶ。

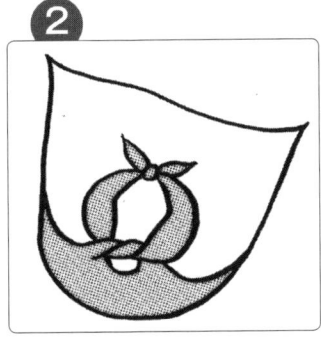

2 先は真結びする。

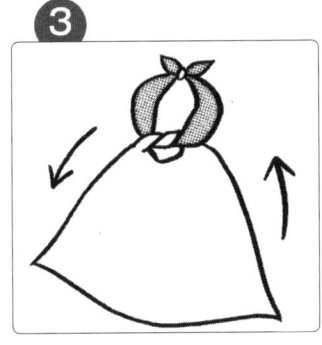

3 反対側に回す。

4 残りの角も同様に、左手に持った角を上にして1回だけ結ぶ。

5 先を真結びする。

Point

★口を横に広げて、物を出し入れする。

★各取っ手の元を引っぱって口を閉められる。

買い物袋 　取っ手を伸ばす

荷物が多くなってしまった時も取っ手を伸ばすだけで、さらにたくさんの荷物を包みこむことができます。

ふろしきSize（取っ手）
小またはハンカチ

1. p22の帯を、p27の買い物袋の2つの取っ手に通す。

2. 通した帯の角と角を真結びする。

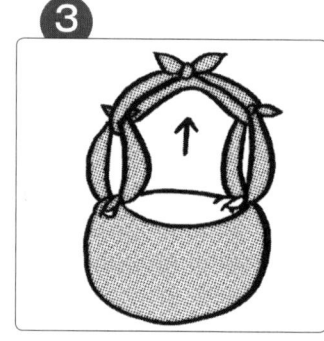

3. 輪になった帯を、2つに折りたたんで持つ。

4. 肩にかけやすくなる。

Point

● 普通のカバンや紙袋にも使えるので、持ちにくい時や、非常時に背負うのに使えます。

応用

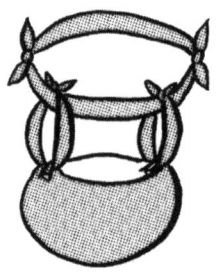

★ 先に帯を2本つないだものを通すと大きな輪になる。

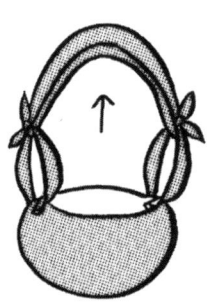

★ 輪を2つに折ると、長い取っ手ができる。

★ 斜めにかけることもできる。

きんちゃく袋

ふろしきSize 小

浴衣を着た時や、ちょっとした小物入れにピッタリ。
ふだんから小物入れとしてカバンに入れておくと便利です。

向かいの角を1回だけ結ぶ。

先は真結びする。

残りの角は、それぞれ大きめにひとつ結びする。

ひとつ結びを中にしまう。

Point

★口を開いて物を出し入れできる。

★取っ手の元を引っぱると、口が閉まる。

おすまししたくなるわ

おけいこバッグ

ふろしきSize 中～大

本や平たい物をスッキリ持ちたい時に便利です。
包む物の大きさに合わせてふろしきの大きさを変えれば、
オールマイティー。

① 向かいを真結びしてから三角に折る。

② 中に、本やノートを差しこむ。

③ 残りの角を正面でしっかりと真結びする。

④ あとから物を追加することもできる。

Point

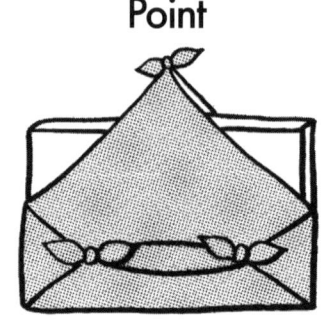

● 大きいボードなどを包んで正面の結びが届かない時は、p22の帯をつなげる。

スケッチブックにもちょうどいいね

ドロップバッグ

ふろしきSize 中〜大

しずく型のおしゃれなバッグ。取っ手部分にシュシュをはめると、口の開閉がスムーズにできます。

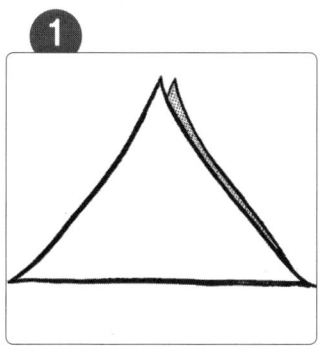

1 ふろしきを裏側にして、三角に折る。

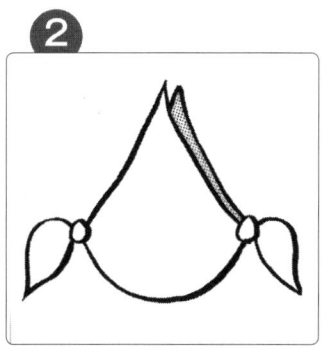

2 左右の角をそれぞれひとつ結びする。

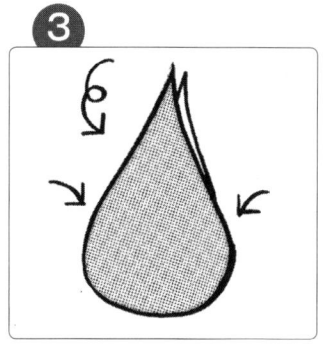

3 表側にひっくり返し、左右のひとつ結びは中に隠す。

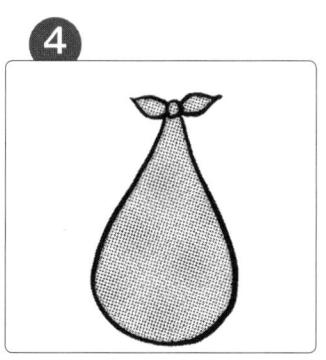

4 上の角を真結びして取っ手をつくる。

Point

- シュシュをはめると口を開閉できます。
- ひとつ結びを大きめにしたほうが、深くなって安定します。
- 中にざるなどを入れて底をつくると、果物などを入れてそのままプレゼントラッピングに。

便利バッグ

ボール包み

ふろしきSize 小〜大

安定の悪いボールやスイカなど丸い物を運ぶ時にとっても便利。出し入れも簡単！

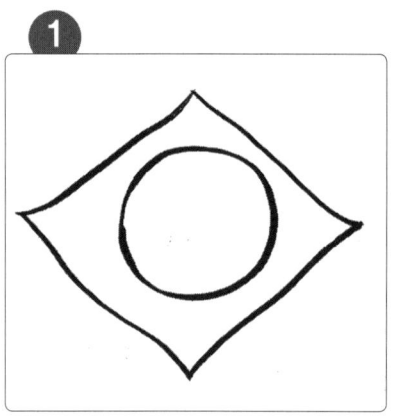

① ふろしきの上に、ボールやスイカを置く。

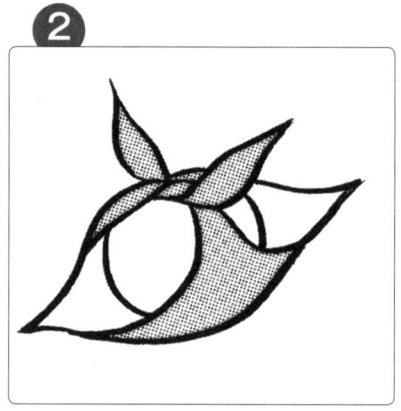

② 向かいの角を1回だけしっかりと結ぶ。

③ 先を真結びして取っ手にする。

④ 残りの角を正面で真結びする。

お出かけに便利

子どもリュック

ふろしきSize 大（幼児は中でも可）

両手が自由に使えるリュックは、お散歩やお出かけにピッタリ。
自分の着替えやおやつを入れて、しゅっぱーつ！！

① 隣の角を、1回だけ結ぶ。

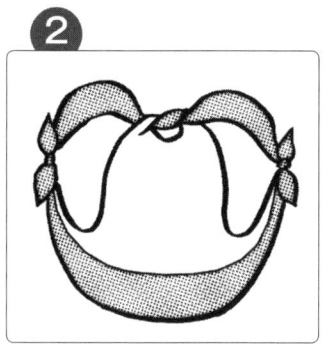

② 結んだ角を、それぞれの下にある角と真結びする。

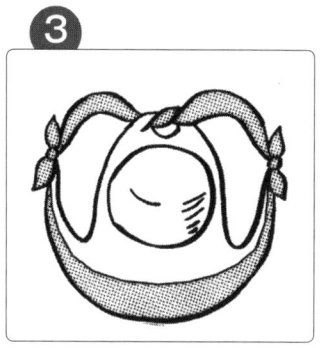

③ 荷物を、布の上半分に置く。

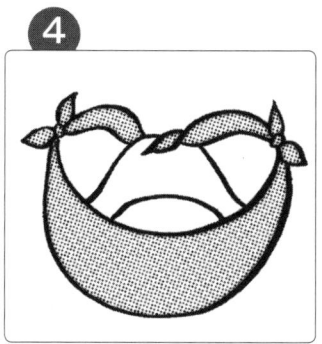

④ 下半分の布で荷物をくるむ。

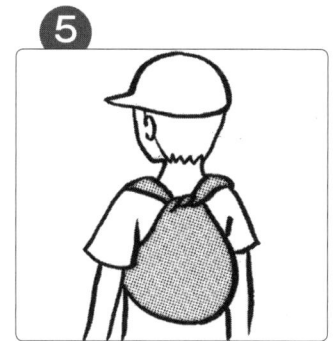

⑤ 背負う。

Let's Go!

Point

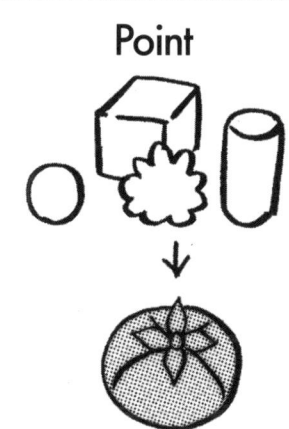

- 口が大きいので、中の荷物が落ちないように細かい物は別のふろしきでまとめてリュックに入れるとよいでしょう。
- 体の大きさに合わせて、ふろしきや結び目のサイズを変えると、フィットします。

帽子

ふろしきSize 小

急な雨や日差しが強い時など、バンダナサイズ1枚あれば、ささっと帽子をつくってかぶれます。

4つの角をそれぞれひとつ結びする。

かぶる。

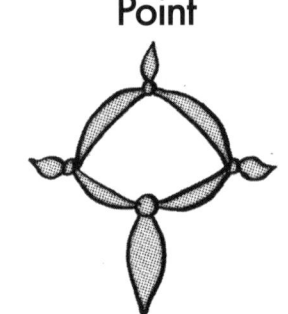

ひとつ結びは中に隠してもよい。

Point

●結び目の大きさで帽子のサイズを変えられます。

●ひとつ結びの先に、ひもやつけ毛を結んでつなぐとおしゃれ帽子になります。

日よけ帽子

ふろしきSize 小〜中

潮干狩りや芋掘りなど、かがむ作業にもぴったり。日差しから首筋を守ってくれます。

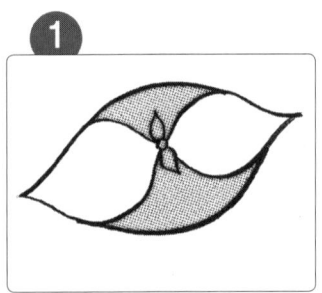

向かいを真結びする。

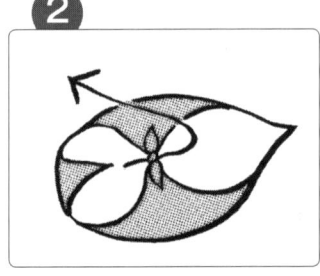

残りの角の片方を、❶の結び目の下に通し、

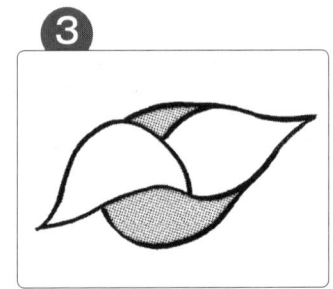

再び元の方向へ戻す。

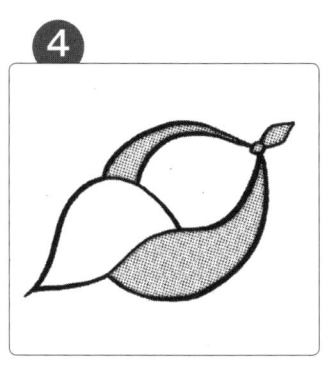

④ 残りの角をひとつ結びする。

⑤ かぶる。

⑥ おでこ部分にくるひとつ結びを中に隠してもよい。

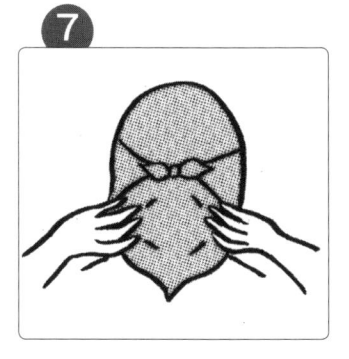

⑦ 後ろの日よけを広げて、形を整える。

Point
- 帽子がきつい時は、❶や❹を小さめに結びます。
- 耳まで包むと暖かく風よけにもなります。

ヘルメット

ふろしきSize 中～大

うわっ地震！
簡単ヘルメットをかぶって頭を守ろう！
簡易防災グッズ。

① 金属のボールの中にタオルを入れ、ふろしきの上に置く。

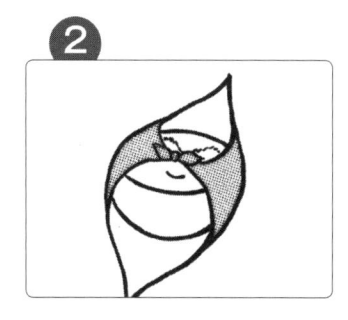

② 向かいの角を小さめに真結びする。

③ 頭にかぶる。

④ 残りの角をあごの下で真結びする。

お出かけに便利

ベビーカーバッグ

ふろしきSize 中〜大

急に荷物が増えてしまった時にもふろしき1枚あればOK。
簡単アイディアバッグです。

1 ベビーカーの取っ手の下から、ふろしきの隣り合った角を通す。

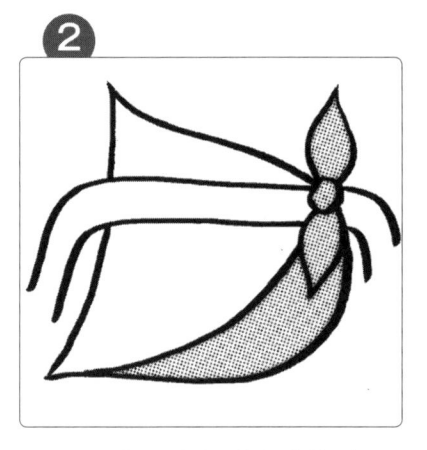

2 それぞれを、手前の角と真結びする。

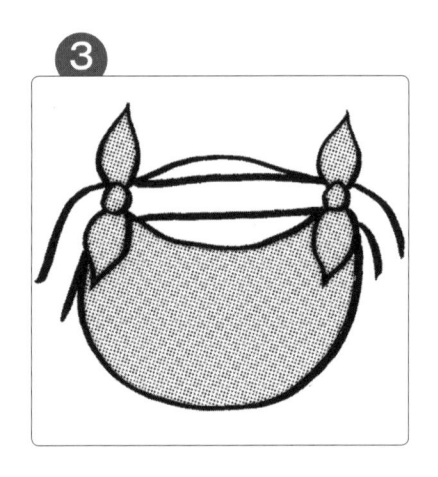

3

抱っこ補助のスリング

ふろしきSize
大　ほかに、帯

お出かけの途中で寝てしまった時など、大きなふろしきがあると便利です。補助なので、抱いた時に手を離さないように気をつけて。

1 ふろしきの上に、赤ちゃんを斜めに寝かせる。

2 向かいの角を、赤ちゃんの腰あたりでややしっかりと真結びする。

3 残りの角に、p22の帯をつなげる。

4 頭と片方の腕を通し、赤ちゃんの後頭部に手を添えながら抱く。

Point
- ほどけないように、十字の縦結びになっていないか確認し、真結びはしっかりと元を締めましょう。

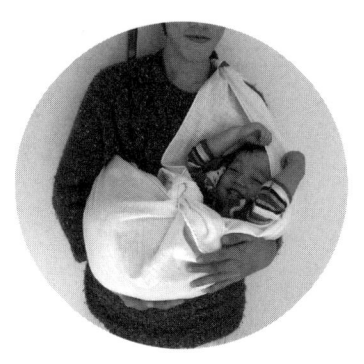

雨の日

お出かけ時の急な雨降りや風よけの代用に。
とっさのしのぎに知っていれば
ちょっと便利なふろしき使いです。

マント
ふろしきSize 大

1 p34の日よけ帽子をかぶる。

2 p25のように、荷物をふろしきで背負う。

3 ふろしき（防水の生地だとなおよい）をマントにして、背負った荷物を覆う。

4 傘を持っていればさす。

> **Point**
> ● P26の買い物袋にカバンを入れて、雨から守ることもできます。（防水の生地だと完璧！）

おんぶマント
Size 大

帯（長めの手ぬぐいかふろしき）

1 子を背負う。

2 ふろしきをはおり、マント状に結ぶ。

3 腰の位置で帯をマントごと結び、下からの冷気を防ぐ。

お出かけに便利

ちょこっとコスプレ

水着

ちょっと水遊びしたい時や水着を忘れた時などに手軽につくれます。遊んだあとは、洗って干せば元通りのふろしきに。

トップ（ブラ）

ふろしきSize
中～大　幼児は小でも　ほかに、ひも
パレオは手ぬぐい＋ひも2本

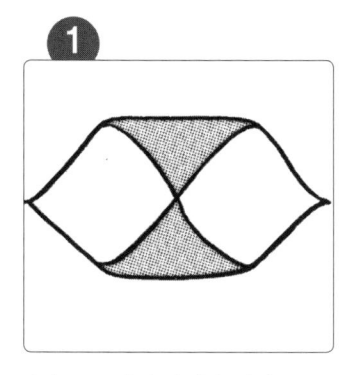

1 向かいの角を中心に向かって折る。

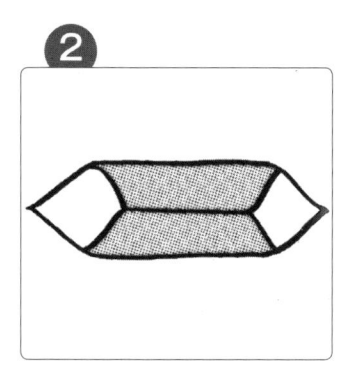

2 さらにもう1度折る。

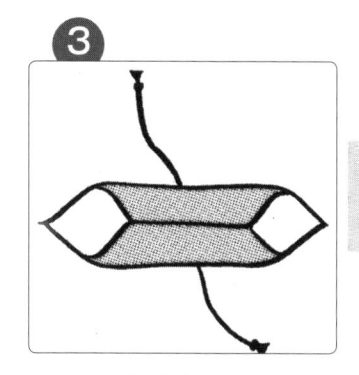

3 下にひもを通す。

4 中心でひもをしっかりと真結びして絞る。

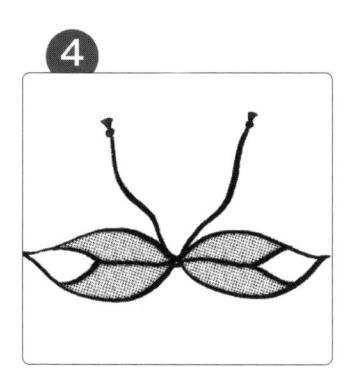

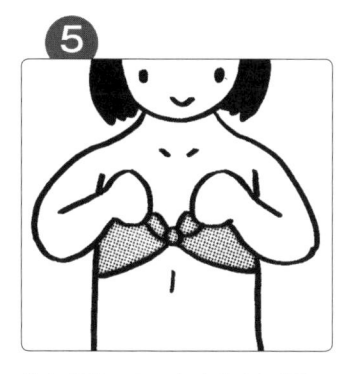

5 胸に回して、まず角を正面で真結びする。

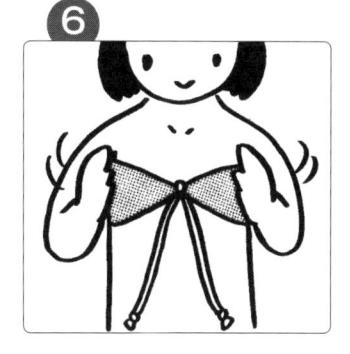

6 結び目を後ろに回して、胸に布をかぶせる。

パレオ

手ぬぐいは、ほつれないように端処理をしておく。

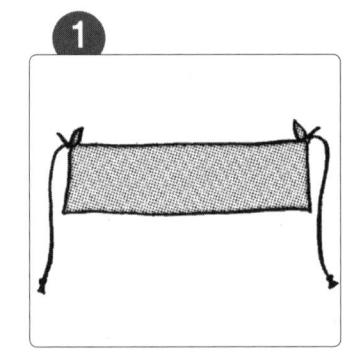

7 首の後ろでひもを結ぶ。（蝶結びでもよい）

1 長辺の隣り合った角それぞれに、ひもを真結びしてつなげる。

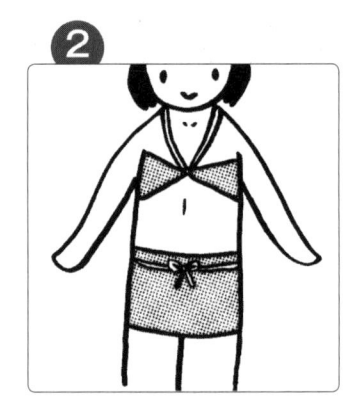

2 手ぬぐいを腰に巻き、ひもを交差させてから結ぶ。（蝶結びでよい）

ショートスカート

手ぬぐい、ひも2本

手ぬぐいは、ほつれないように端処理をしておく。

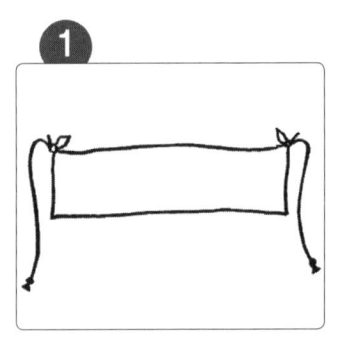

1 手ぬぐいの長辺の隣り合った角それぞれに、ひもを真結びしてつなげる。

2 手ぬぐいを腰に巻く。

3 ひもを交差させてから結ぶ。（蝶結びでよい）

Point
- 手ぬぐいは切りっぱなしなので、端を3つ折りして縫いとめておきます。

ちょこっとコスプレ

忍者

ふろしき、手ぬぐい、ひも

ふろしきは多機能。いろいろなサイズを組み合わせて身にまとえば、なんちゃって忍者参上！

1 p34の日よけ帽子をかぶる。

2 手ぬぐいで口を隠し、頭の後ろで結ぶ。

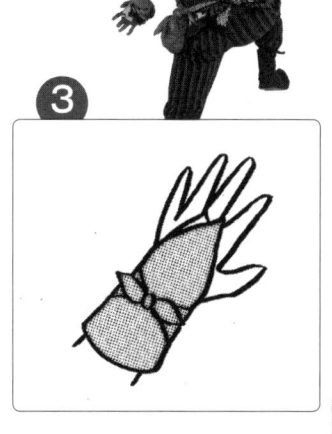

3 両手にp42の手袋をはめる。

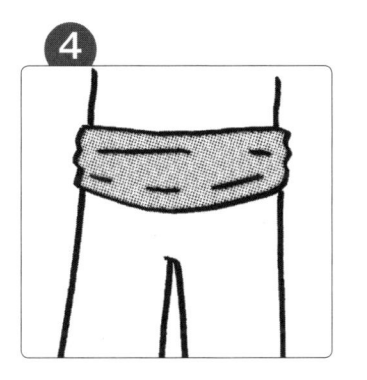

4 手ぬぐいを腰に結んで帯にする。

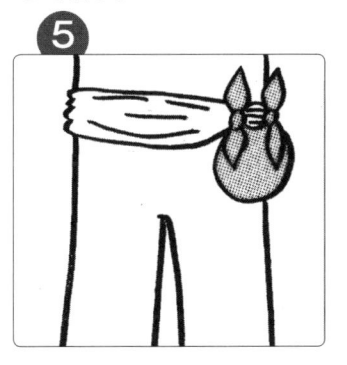

5 腰の帯に、p23のウエストポーチをつける。

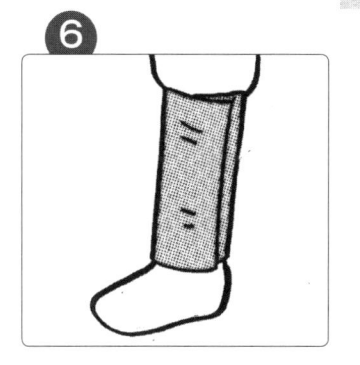

6 脚のズボンの上から、手ぬぐいを巻きつける。

7 足首から上にひもを巻いて、ひざの下で結ぶ。（蝶結びでよい）

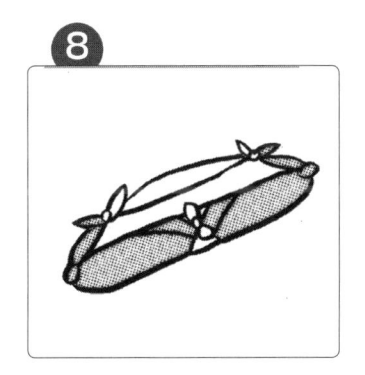

8 p26「長いものを背負う」のやり方で、ラップの芯などを巻いて背負う。

ちょこっとコスプレ

手袋

ふろしきSize 小

1 向かいの角をできるだけ小さく真結びし、三角に折る。

2 残りの角を真結びする。

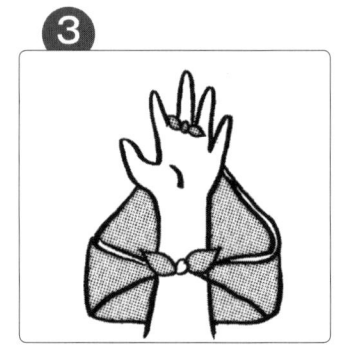

3 手の平を上にして❷の結び目の下から通し、❶の結び目の横のすき間に中指だけを通す。

4 ❷の結び目を持ち上げて1回ひねり、その輪の中に手をくぐらせる。

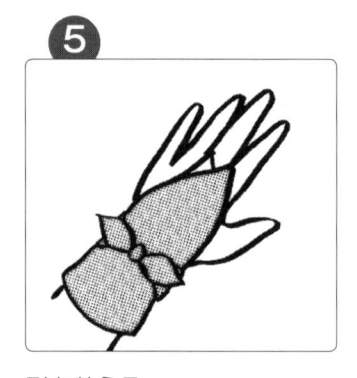

5 形を整える。

Point
- 脱ぐ時は、❹でくぐらせた輪からまた手をぬきます。
- 日よけ、寒さよけに役立ちます。ハンカチでつくれますので、冬の外遊びにはピッタリ。

ちょこっとコスプレ

浴衣の帯

夕涼み会や盆踊りにつきものの浴衣ですが、着物を着なくても、潮服の上から帯をつけるだけでもカワイイ！

リボン
ふろしきSize 小

① 向かいの角を中心に折る。

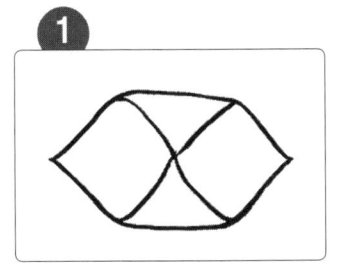

② さらに折る。

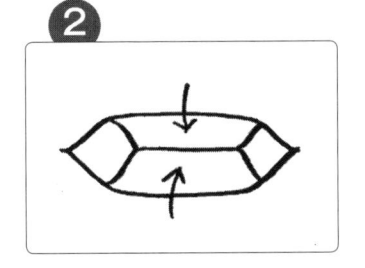

③ 左右の角を小さめに真結びする。

帯
ふろしきSize 大（幼児は中）

① 向かいの角を中心に折る。

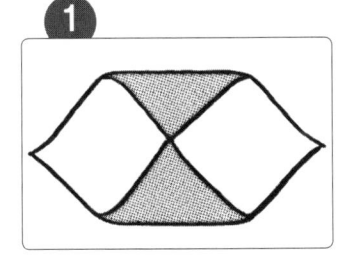

② さらに折る。

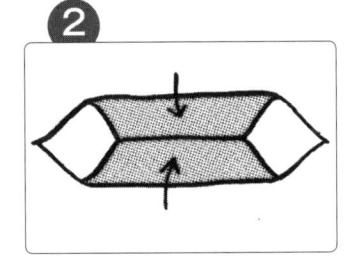

③ 口が上になるように２つに折る。

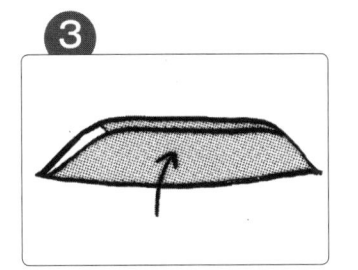

身につける

① 浴衣をはおり、腰ひもでとめたら、帯をおなかに回し、角を正面で縦結びする。（真結びではない）
★縦結びは p20 を参照。

② 縦結びの上に、リボンの❸を裏に返したものを当てる。

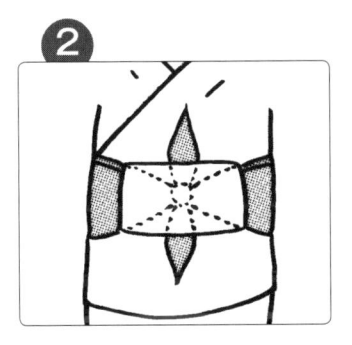

③ 縦結びの角で、❸の中心をさらに縦結びして絞り、リボンが背中に来るように帯を回す。

Point
- 帯を回す時は、浴衣が着崩れないように左から右へ回します。
- 帯はポケットにもなりますので、ハンカチなどを入れられます。

ちょこっとコスプレ

エプロン

ふろしきSize
小～大　ほかに、ひも2本

巻スカートふうのエプロンは、粘土遊びなどの洋服が汚れそうな遊びにピッタリ。小さな子は、バンダナでミニエプロンにしてもいいですね。

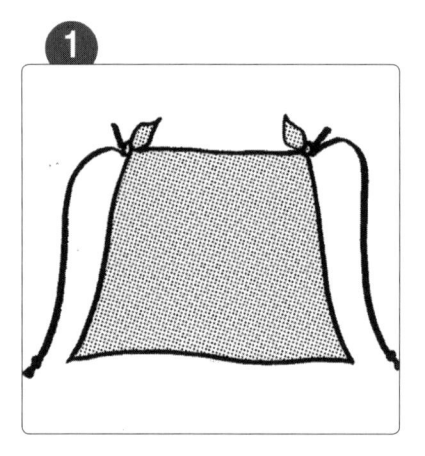

① 隣り合った角それぞれに、ひもを真結びしてつなげる。

② 腰に当てて、ひもを後ろで交差させる。

③ 正面でひもを結ぶ（蝶結びでよい）。

★大きいふろしきを使った場合

❸と同じように、正面でひもを結ぶ。

Point
● 大ふろしきを使って丈が長すぎた時は、ひもを結んだ上を折り返します。

金太郎のよだれかけ

ふろしきSize
小　ほかに、ひも

幼児の食事時には欠かせないよだれかけですが、お風呂あがりの汗とりにも使い勝手がよいすぐれモノです。

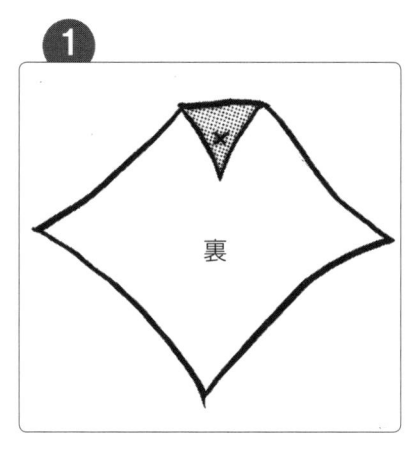

1 小ふろしきの1つの角を少し折り曲げ、先を簡単に縫いとめる。

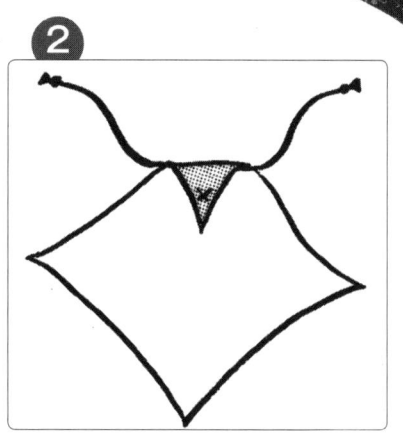

2 ひもを通す。

3 首の後ろでひもを蝶結びし、ふろしきの左右の角は背中で真結びする。（きつくなりすぎないように軽く結ぶ）

ちょこっとコスプレ

折り紙感覚でつくる

金魚

ふろしきSize
小　ほかに、輪ゴム

ひらひら尾びれのかわいい金魚。サイズや柄をかえてたくさんつくれば、金魚すくい遊びができそうですね。

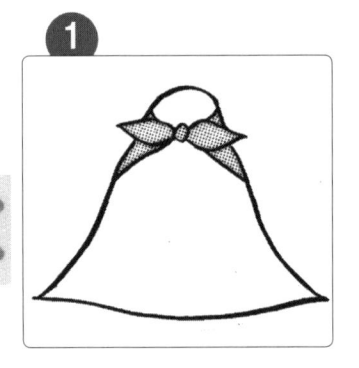

1

隣りどうしの角を真結びして胸びれをつくる。

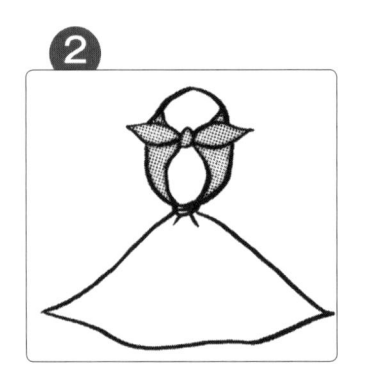

2

輪ゴムやゴムひもを結んで絞り、胴体と尾びれをつくる。

ヘビ

ふろしきSize
小〜大

ふろしきの柄を選んで、大きなふろしきでつくればほんものそっくりの大蛇に!? お友だちもびっくり。

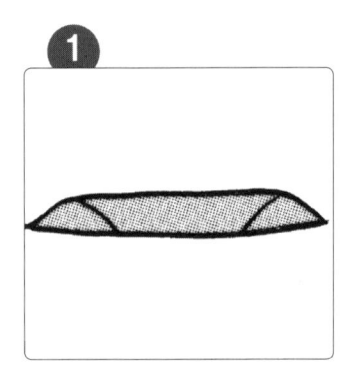

1

p22の帯をつくる。

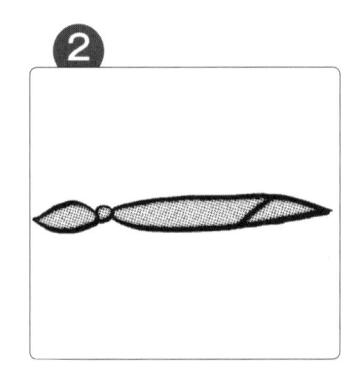

2

先をひとつ結びして頭をつくる。

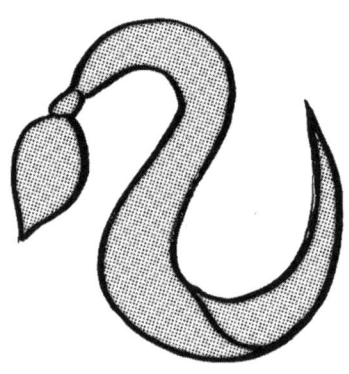

魚

ふろしきSize 小〜大 ほかに、輪ゴム

ざるに乗せておいたら、ネコがくわえていくかな？
いろいろな柄でつくってお魚屋さんごっこはいかが？

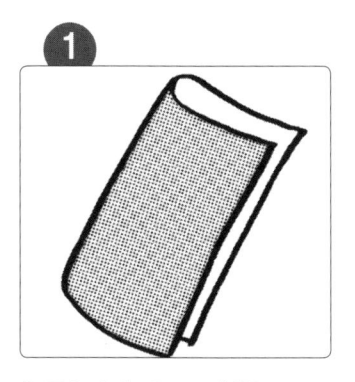

1 ふろしきを2つに折る。

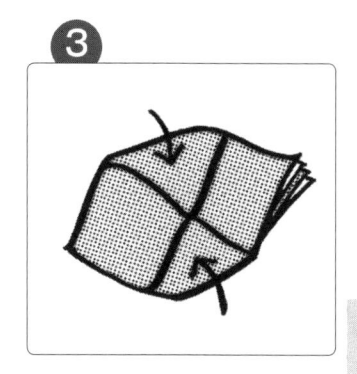

2 さらに折る。

3 向かいの角をそれぞれ中心に折る。

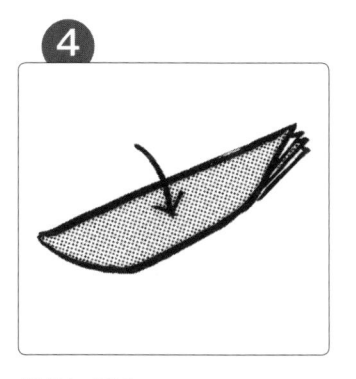

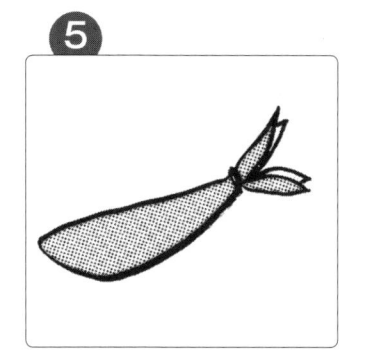

4 半分に折る。

5 角が4枚出ている側を輪ゴムで結んで尾びれをつくる。

Point
- 作品はおなかが開く形になっていますが、壁などに貼って飾りたい時は、簡単に縫いとめるとよいでしょう。

折り紙感覚でつくる

ウサギ

ふろしきSize 小〜大

ぴょんぴょんウサギ。お月見の日には2匹並べて飾っておくとかわいいですね。

1
p22の帯をつくる。

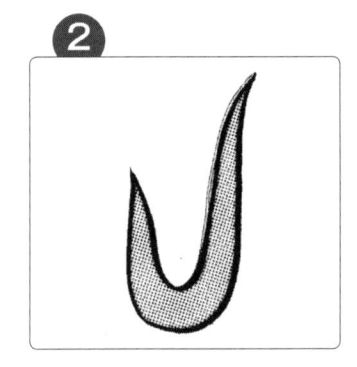

2
右を長く、U字に曲げる。

3
右側の帯を左に巻きつける。

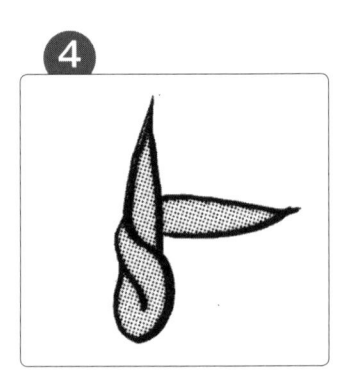

4
巻いた帯の下から角を引っぱる。

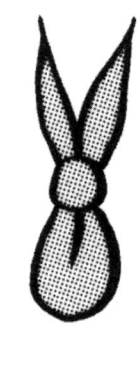

5

折り紙感覚でつくる

カタツムリ

ふろしきSize 小　ほかに、ひも約20cm

♪でんでんむしむし　かたつむり〜。
歌いながらのっそのっそと競争させて遊びましょう。

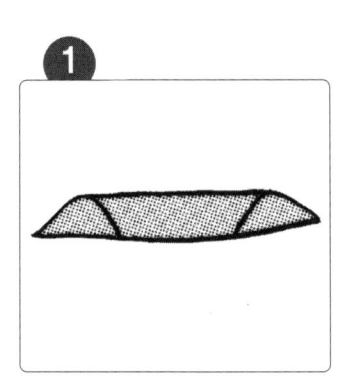

1 p22の帯をつくる。

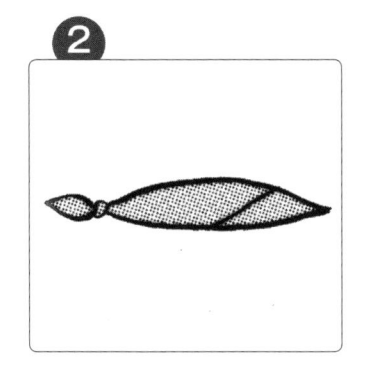

2 端を小さめにひとつ結びする。

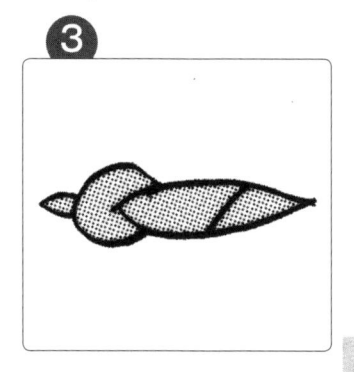

3 その上に重ねるようにひとつ結びする。

4 さらにまた、ひとつ結びする。

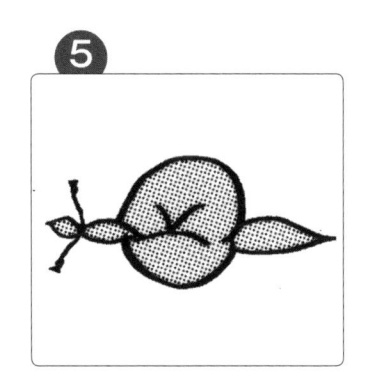

5 小さいほうの角にひもを真結びしてツノにする。

折り紙感覚でつくる

♪で〜んでんむしむし〜

カメ

ふろしきSize
小～大（同サイズを2枚）ほかに、ざる

こうらの丸みはざる！ ざるの大きさとふろしきのサイズをかえて、
親ガメ、子ガメ、孫ガメをつくって積み上げて……親ガメこけたらみなこけた。

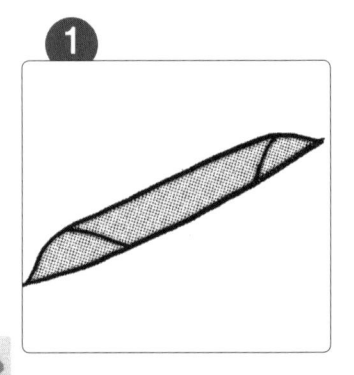

1 p22の帯をつくる。

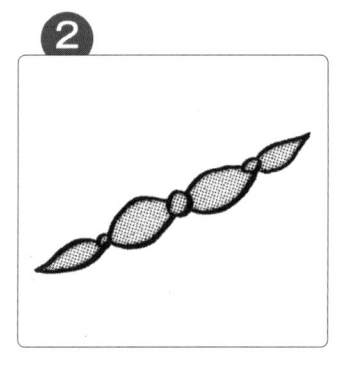

2 左右と中央の3か所をひとつ結びする。

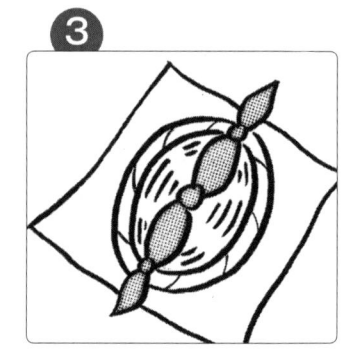

3 ふろしきの上に、ざると2を置く。

4 ふろしきの隣りどうしの角を大きめに真結びして前足にする。

5 残りの角も大きめに真結びして後ろ足にする。

ふろしきラッピング

クッションカバー

ふろしきSize 中～大

クッションやイスを包むだけで、すてきなカバーに。
気分に合わせて、いろいろな柄のふろしきで
楽しみましょう。

Point
- 普通にお弁当のように真結びすると結び目が頭に当たるので、キャンディ形にしています。
- 巻いたタオルなどを包むと簡易枕もつくれます。

1 ふろしきの上にクッションを置く。

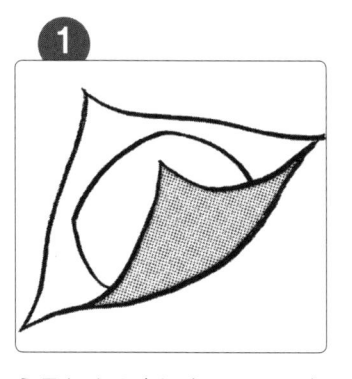

2 ふろしきで巻いてくるむ。

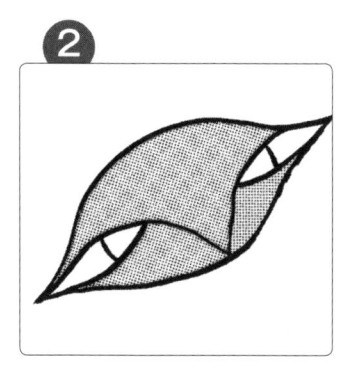

3 左右の角をそれぞれひとつ結びする。

イスカバー

ふろしきSize 中～大

1 座面にふろしきをかぶせる。

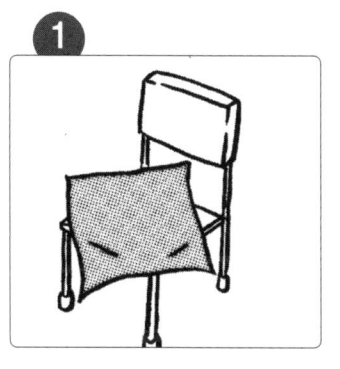

2 ふろしきが落ちないようにイスを裏にして、向かいの角をそれぞれ真結びする。

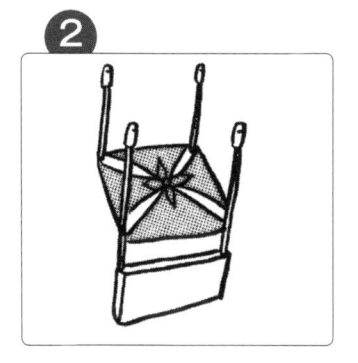

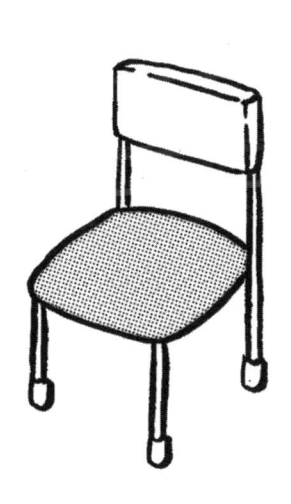

Point
- 間にタオルをはさんでおくとクッションになり、座りやすくなります。

51

かごカバー

ふろしきSize 小〜中

自転車のかごにかぶせれば、ひったくり防止用のカバーにもなります。

1 ４つの角をそれぞれひとつ結びする。

2 箱やかごにかぶせる。

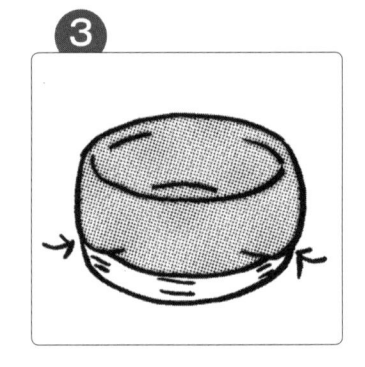

3 ひとつ結びは、中に隠してもよい。

ティッシュボックスカバー

ふろしきSize 小

毎日使うものだから、たまには気分をかえてティッシュボックスもお色直ししてあげましょう。

1 ふろしきの上にティッシュボックスを置く。

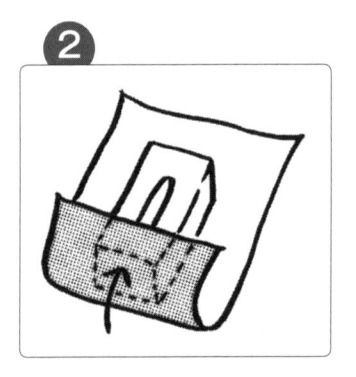

2 隣り合った角を、箱にかぶせる。

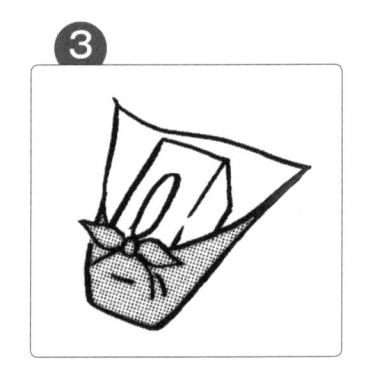

3 角を寄せて真結びする。

4 残りの角も同様に結ぶ。

ふろしきラッピング

びん包み

ふろしきSize 中～大

お酒などを包んで持ち運ぶ時に便利なびん包み。1本でも2本でもおしゃれに包んで、そのままプレゼントしたら喜ばれそうですね。

1本を包む

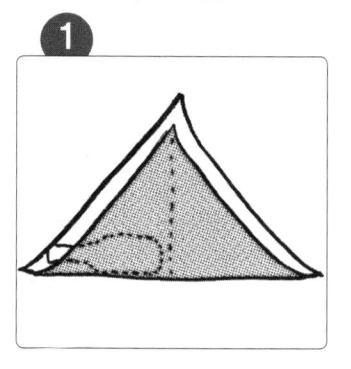

1 三角に折ったふろしきの中の左半分に、ビンを寝かせる。

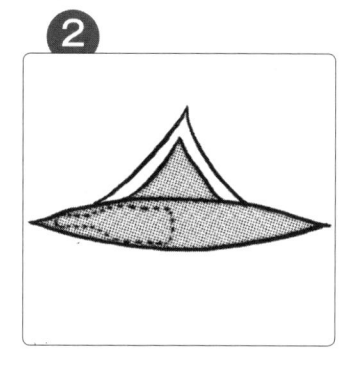

2 巻く。

3 巻き終わりの角が上に出るように置く。

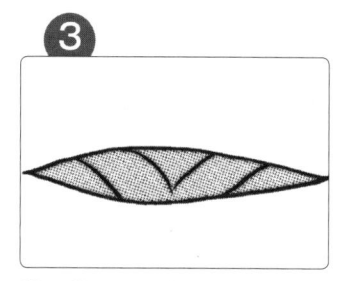

4 立てる。先の長さが合わない時は、❸の状態でビンをずらして調節する。

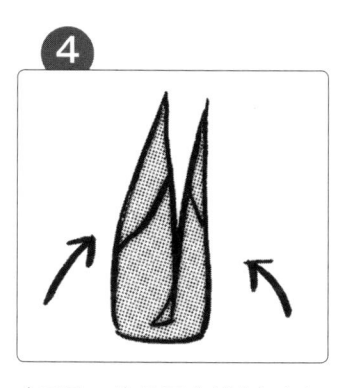

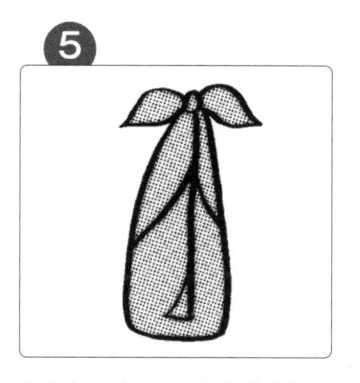

5 先をしっかりと真結びする。

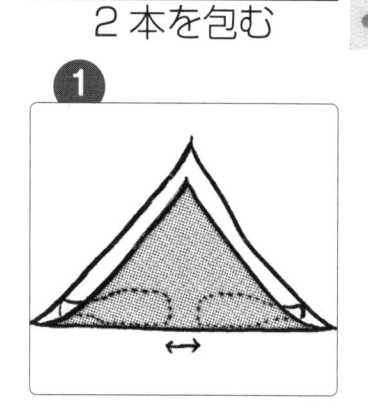

2本を包む

1 三角に折ったふろしきの中に2本のビンを寝かせる。底を合わせる向きで、少しすき間を開けておく。

2 巻く。巻き終わったら、ビン同士のすき間の位置を調節する。

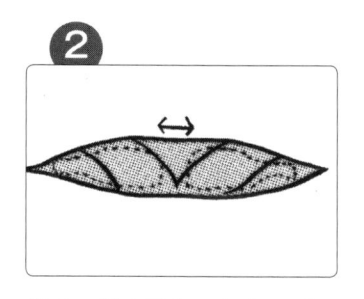

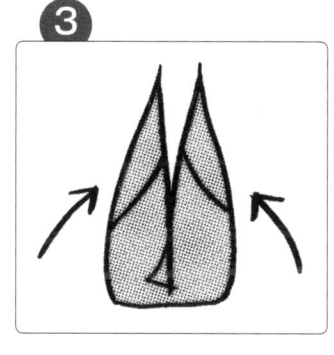

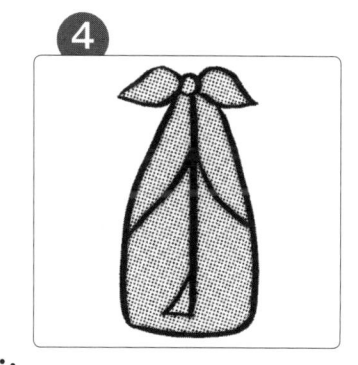

3 立てる。

4 先をしっかりと真結びする。

Point

● はじめに三角に折った時、上の角を少し内側にすると、包み終わった時に下からはみ出す角が2枚にならずにきれいに結べます。

ひっかけ結び （細長い箱を包む）

ふろしきSize 中～大

ふろしきの左右が届かない、細長い箱などを包む時に役立ちます。

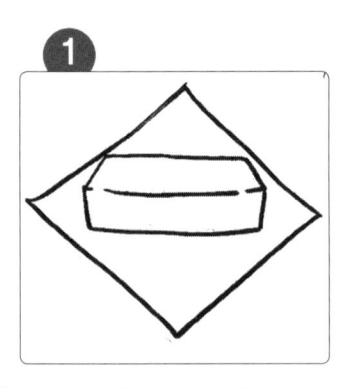

1 ふろしきの上に箱を置く。

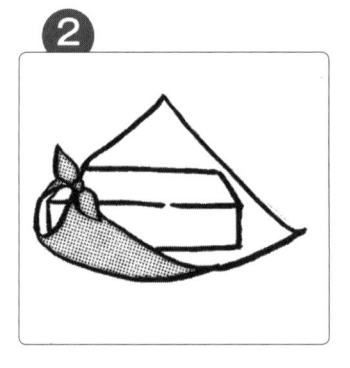

2 隣りどうしの角を真結びする。

3 結び目の下に、隣りの角を通す。

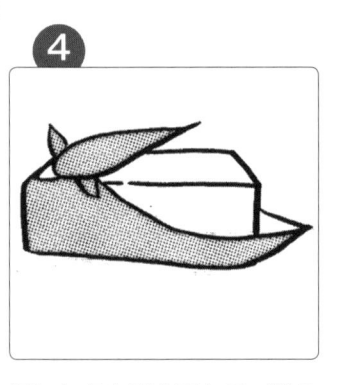

4 通した角を引き戻して、残りの角と真結びする。

お急ぎ便ですー

プレゼント包み

ふろしきSize
リボンは小　ほかに、ひも

小さなふろしきでかわいいリボンをつくって箱に乗せるだけ。華やかなギフトラッピングの完成です。

1 小ふろしきの4つの角を中心に向かって折る。

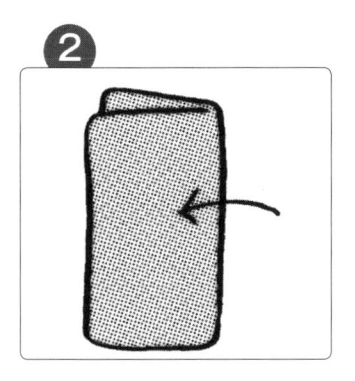

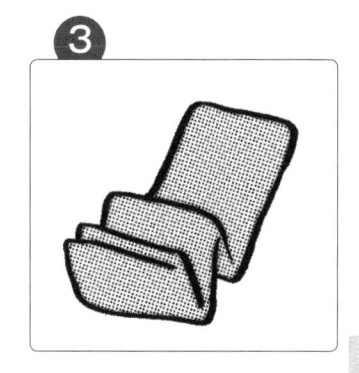

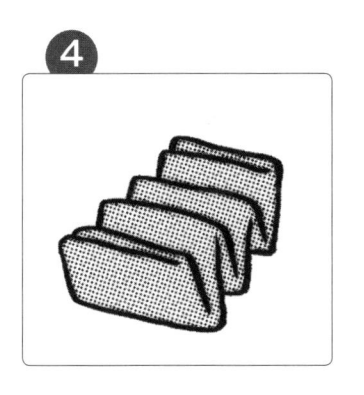

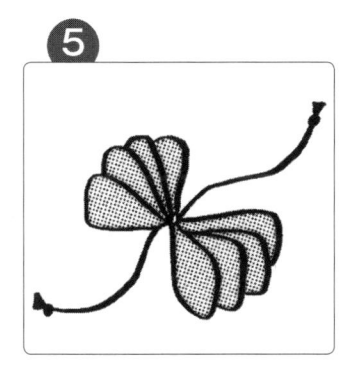

2 半分に折る。

3 ひだ状にたたむ。

4

5 真ん中をひもで真結びして絞る。

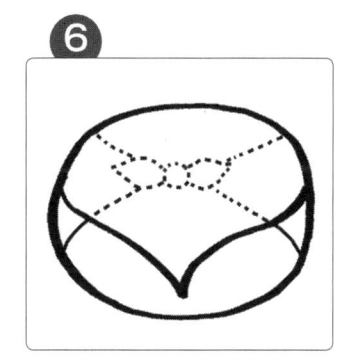

6 プレゼントをふろしきでくるむ。

7 ひもを結んでリボンをつける。

お姫さまにもなれるー

ふろしきラッピング

ふろしきで遊ぼう

1枚の四角い布でいろいろな遊びが広がります。
本書内で紹介したふろしきを使って、新しい遊びを考え出してみてください。

・ボールのつくり方

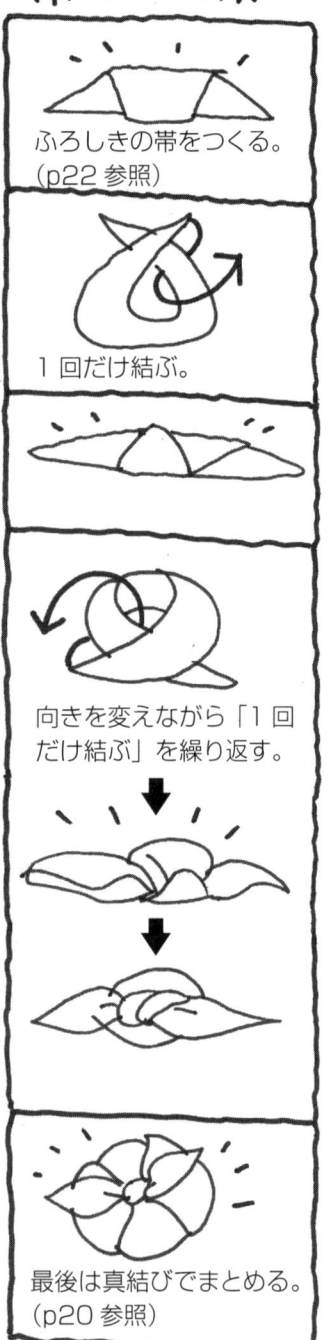

ふろしきの帯をつくる。(p22参照)
1回だけ結ぶ。
向きを変えながら「1回だけ結ぶ」を繰り返す。
最後は真結びでまとめる。(p20参照)

ボーリング

えいっ！
がんばれ〜

玉入れ

ナイスシュート！
たくさん入れよう
あっ…失敗…

ふろしきボール遊び

ボールがなくても大丈夫。固すぎず、柔らかすぎない"ふろしきボール"をつくって、いろいろなボール遊びをしてみましょう。
遊びが終われば、ほどいてふろしきに戻せます。

ミニミニ動物園

ホール内を動物園に見立てて、ふろしきでつくった動物たちを展示しましょう。
飼育係（?）を決めたり、入場券や釣りざおなどをみんなでつくれば、園のイベントなどでも盛り上がること間違いなし!!

ふろしきで遊ぼう

忍者参上!!

忍者の衣装（p41、42参照）を身につけて、ドロロン！
あっと言う間に忍者に変身です！
さあ、園庭やホールで忍者の修行を始めましょう。

ふろしきで遊ぼう

ふろしきファッションショー

コスプレが大好きな子どもたち！ 華やかな柄のふろしきがあれば、
お姫様にも忍者にもカメにだってなれちゃいます。
ちょこっとコスプレ（p39〜45）で紹介した衣装を着て、
しゃなりしゃなりとモデルウォーク。

ふろしきで遊ぼう

足ドーム

みんなの息が合って、きれいなドームがつくれたら、中の色や柄を楽しみましょう。星柄の布でふろしきをつくれば、プラネタリウムのようになりますよ。

遊び方
大きなふろしきを用意します。
数人で一組になり、仰向けに寝てもらい、上からふろしきをかけます。
「いち、に、さん」の合図で、子どもたちは一緒に足を上げ、ふろしきドームをつくります。

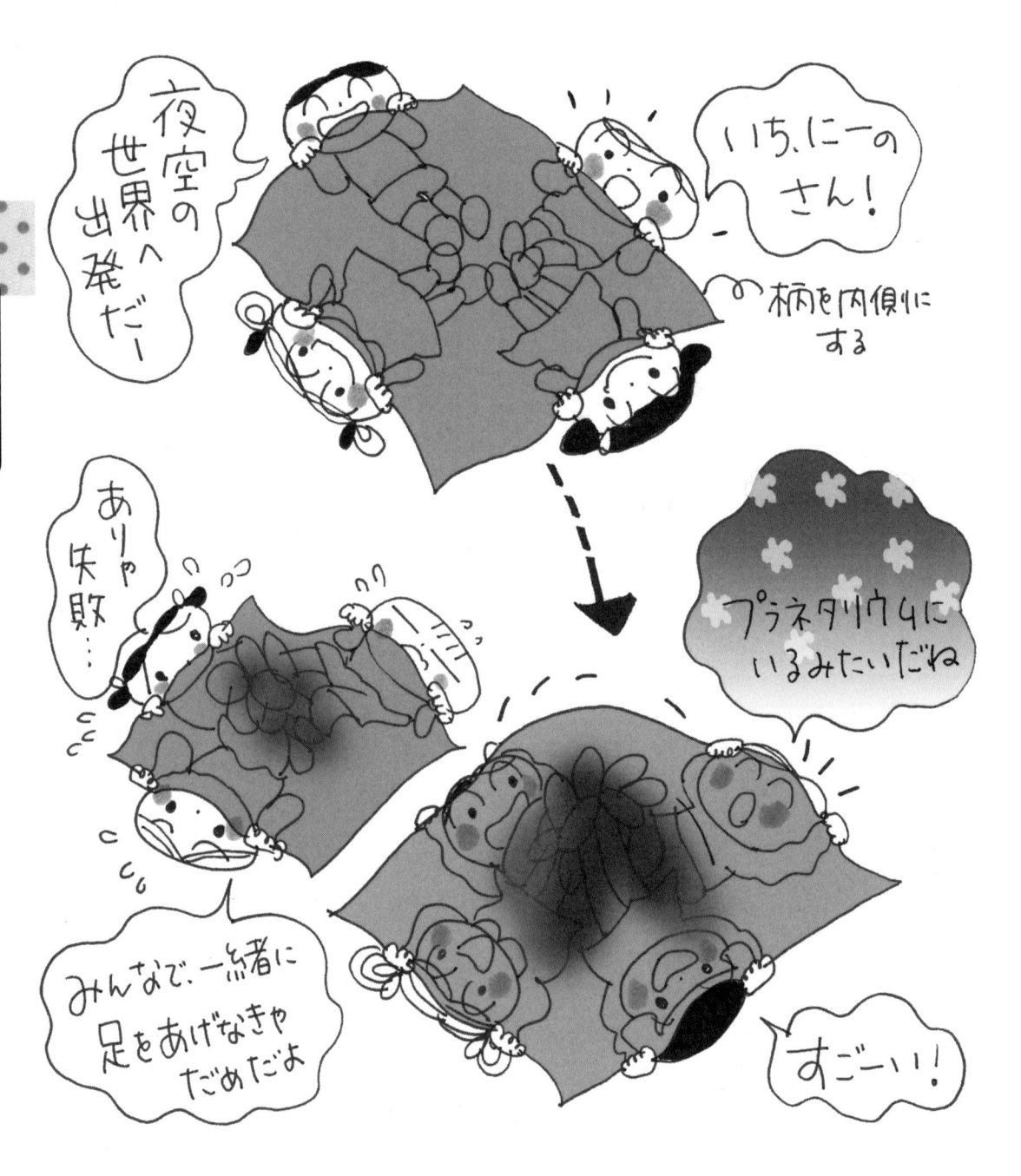

ふろしきで遊ぼう

夜空の世界へ出発だー

いち、にーの さん！

柄を内側にする

ありゃ失敗…

みんなで一緒に足をあげなきゃだめだよ

プラネタリウムにいるみたいだね

すごーい！

カメさんが転んだ！

「だるまさんが転んだ」と似たルールです。
ふろしきの角を持ってマントのように使います。
カメになった気分で遊びましょう。

遊び方

① ジャンケンでオニを決めます。
② オニが後ろを向き、「カメさんが……」と言っている間に、カメ役の子どもたちははってオニに近づきます。
③ 「転んだ」と、オニが振り向いたら、動きを止めてふろしきの中に顔を隠します。顔を見られて、オニに名前を呼ばれたら負け。オニの後ろにつきます。そのまま近づいていき、オニにタッチできれば勝ち。

中身当てゲーム

ふろしきの中には何が入っているかな？
大小さまざまなふろしきに子どもたちに
なじみのある物を包んでおきましょう。

遊び方

① ふろしきにいろいろな物を包んで置いておきます。
② 子どもたちは、ふろしき包みを外から手で触って、中身を当てます。

荷物運びレース
（宅配便屋さんごっこ）

運動会で人気の「借り物レース」のアレンジです。
ふろしきの大きさ、包む物の選び方など、
瞬時に決められるかどうかで勝負が決まります。

遊び方

※少し離れたところに、大きさの異なるふろしきと、いろいろな形の物や空き箱を用意しておきます。

① スタートラインに並び、「よーい、ドン！」の合図でスタートします。
② ふろしきと荷物のあるところまで行き、きれいに包んだら、ゴールまで運んで速さを競います。

① （スタート） よーいドン！
② いろいろなサイズや柄のふろしき
③ 選んだふろしきで好きなものを包みます
④ 包んだものを運んでゴール！ （ゴール）

どうしたらうまく包めるかな？

わーい一等賞！

ふろしきで遊ぼう

バンダナ手つなぎオニ

「手つなぎオニ」のアレンジです。ふろしきの帯（p22参照）を持って、追いかけオニごっこ。園庭や広場を元気にかけ回りましょう。

遊び方

① 1人1枚ずつバンダナを持ちます。
② ジャンケンでオニを決め、スタートの合図でいっせいにオニごっこ開始。オニにタッチされた人は、オニのバンダナをつかんで一緒に次の人を捕まえに走ります。
※逃げる人は、バンダナの下をくぐって逃げてもよい。
③ どんどん増えて、最後はバンダナをはさんで大きな人の輪になります。

バンダナをほどけないようひとつ結びにしておく

つかまったらオニとバンダナでつながる

楽しいハンカチ昔遊び

ハンカチ遊びの定番です。初めて会ったお友だちでもすぐに仲よしになれますよ。

ハンカチ落とし

① ハンカチを1枚用意する。
② ジャンケンでオニを1人決める。
③ 残りの子は、円になって座る。
④ オニは、ハンカチを持ってみんなの後ろをグルグル回って、座っている誰かの後ろにそっとハンカチを落とす。
⑤ 落とされた人は、ハンカチをひろって、同じように回り、次の誰かの後ろにハンカチを落とす。
★1周しても気がつかなかった人は、肩をたたかれてオニになる。

ハンカチ取り

① 2チームに分かれ、それぞれがハンカチをズボンやスカートのウエストにはさむ。
② ヨーイ・ドンの合図で、自分のハンカチを取られないように気をつけながら、相手のハンカチを取り合う。取られた人は応援団にまわる。
③ 先に全員がハンカチをとられたチームの負け。

ハンカチかくし

① ハンカチを1枚用意し、みんなで円になって座る。
② ジャンケンでオニを決め、オニは円の真ん中に立つ。
③ ヨーイ・スタートで、手を後ろに回してハンカチを見えないようにグーの中に握る。
④ みんなで歌をうたいながら、ハンカチを隣の人に渡して行く。
歌が終わった時にハンカチを持っていた人をオニが当てる。当てられた人はオニになって、同じように繰りかえす。

ハンカチとばし

① それぞれがハンカチを持って立つ。
② スタートの合図でハンカチを上に放り投げる。
③ ハンカチがいちばん長く空中にあった人がチャンピオン。
※ハンカチは、丸めてもそのままでも OK。

ふろしきで遊ぼう

お散歩ファッション

何にでも姿を変えるふろしき。1枚持っていれば、帽子、リュック、ポシェット、ウエストポーチと、お散歩や遠足時にぴったりのファッションに早変わり。

ふろしきで遊ぼう

保育室を飾るアイディア

いろいろな柄のふろしきを使って、イスカバー・クッションカバー・ティッシュカバーなどで、あなたのセンスで室内をさりげなく飾ってみましょう。ふろしきバッグをおもちゃ入れや着替え入れにするなど、楽しいアイディアが考えられますね。

着がえなど各自の持ちもの

タペストリーに!

おままごとのしきものに!

パーテーションをかわいらしく!

花びえにまいて

マクラカバー

テーブルかけにも

おもちゃ箱もおしゃれに!

ふろしきで遊ぼう

染めて遊ぼう

タマネギ染め

用意するもの
木綿のハンカチ2〜3枚　タマネギの皮5個分
鍋、輪ゴム、割りばし

優しい色合いのタマネギの皮染め。絞り方やつけておく時間によって、微妙に変化するのも楽しみの1つです。
芸術作品が生まれるかもしれません！

絞る

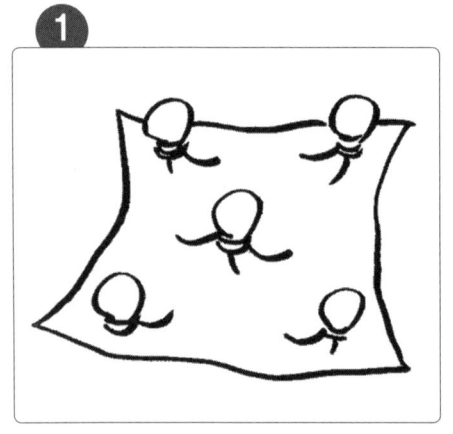

1 ハンカチの布をつまんで輪ゴムでしっかりと結ぶ。

板締めする

1 ハンカチを折りたたんでから割りばしではさみ、両端を輪ゴムでしっかりと結ぶ。

2 鍋に皮が浸るくらいの水と玉ねぎの皮を入れて沸騰させる。

③

玉ねぎの皮を取り除いてからハンカチを入れて、中火で15分ほど煮る。

④

火を止めて、そのまま6時間以上冷ます。

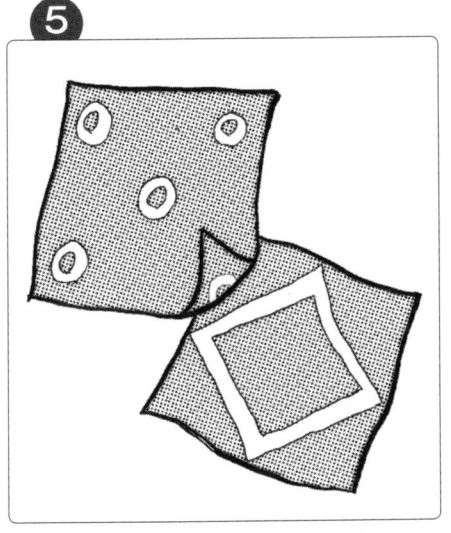

⑤

輪ゴムや割りばしを外して水で洗い、乾かす。

Point
- 板締めは、ハンカチのたたみ方と割りばしの角度によって模様が変わってきます。いろいろ試してみましょう。
- 新しいハンカチは水を弾くので、最初に水洗いをしておきましょう。

染めて遊ぼう

FUROSHIKI ミニ知識

ふろしきの語源は？

　ふろしきはその名のとおり、風呂に敷くところからつけられたという説があります。お風呂といっても現在のものとは異なり、蒸し風呂みたいなものでした。蒸し風呂なので、そのまま座るには熱いため、布を敷くようになりました。そうしたことから、ふろしきと呼ばれるようになったと伝えられています。

　またその布（ふろしき）に着替えを入れて帰るという習慣があって広がっていったと言われています。

ろうけつ染め

用意するもの
ハンカチやふろしき、藍など染料、チャコペンシル、ロウ、筆、ろうを溶かす鍋（専用にする）、染め容器、湯を沸かす鍋、電熱器

1 ハンカチやふろしきに、チャコペンシルで下絵をかく。

2 下に新聞紙を敷き、熱して溶かしたロウを筆につけて染めぬく部分をかく。

3 裏までしみこんでいない所は裏からもかく。

4 藍などで染める。ロウがはがれるので、強く絞らない。

Point
●電熱器で熱しながら熱いロウでかくとよく染みこみます。

❺ 染めたら水洗いし、ロウを割ってはがす。

❻ 残ったロウは、湯を溶かした鍋で煮溶かす。

❼ 布を沈めたまま水面のロウが冷え固まるまで置く（水を入れて冷ましてもよい）。

❽ 布を引き上げて、乾かす。

FUROSHIKI ミニ知識

ふろしきは究極のエコ

　昭和 40 年頃までふろしきは日常的なものでしたが、さまざまな既製品のカバンがあふれ、自ら荷物を持ち運ぶ機会も減ってきたため徐々に姿を消していきました。

　しかし最近では、小さくたためて、包む、結ぶ、運ぶ、敷く……など、1 枚で何役もこなせる、万能な布として見直されてきています。また、荷物を安全に背負い、多機能という点で防災グッズとしての認識も広がりつつあります。

オリジナルふろしきをつくろう

ふろしき

用意するもの
好きな柄の布

1

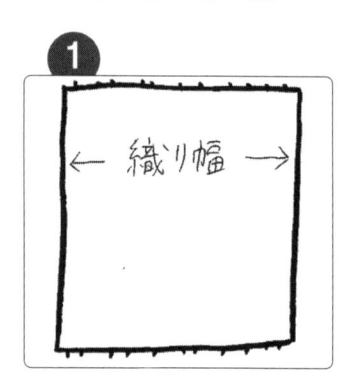

ふろしきは縦が少し長いので、布の横幅（耳から耳の織り幅）の103％＋3cm（端処理分）の長さで裁つ。
※薄手の木綿は、2〜3cm切れ目を入れてから裂いてもよい。

2

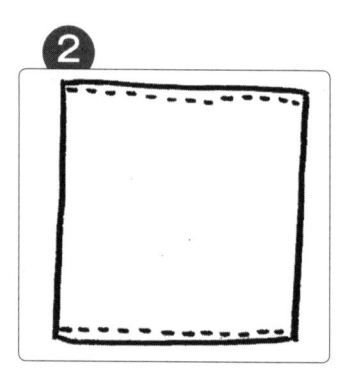

裁った縁を2回折って縫う。
※ミシン縫いか、なみ縫い。

Point

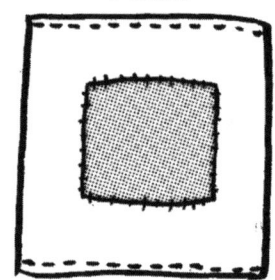

●穴などを繕う時は、本体よりも伸びがよい布を当てましょう。

手ぬぐい

用意するもの
さらしや浴衣地

1

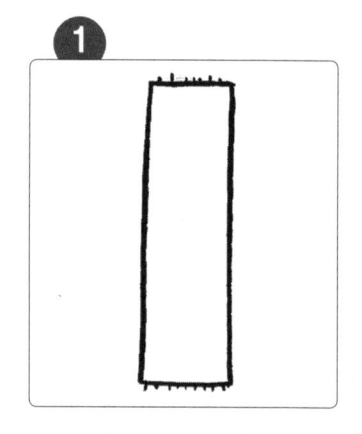

さらしや浴衣地を120cmで裁つ（切れ目を入れて裂く）。

2

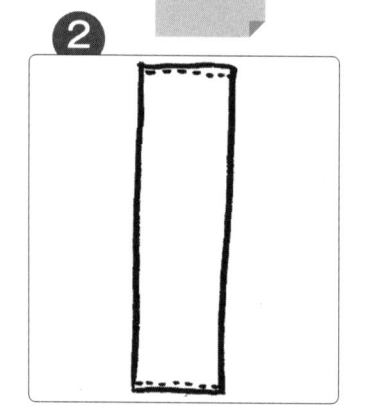

角を結んで使えるように、上下の端を2回折って縫う。

Point

●一般に売られている手ぬぐいは90cmくらいですが、使い回すならば長い方が便利です。

ひも

1

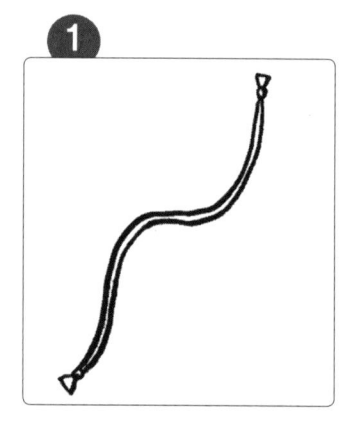

1m前後でひもを切る。両端は、ほつれないようにひとつ結びしておく。

Point

●ひもの長さも臨機応変ですが、最低1mはあるとさまざまな用途に使い回せます。

染めて遊ぼう

布用スタンプ

用意するもの
消しゴム、カッター、布用インク、布

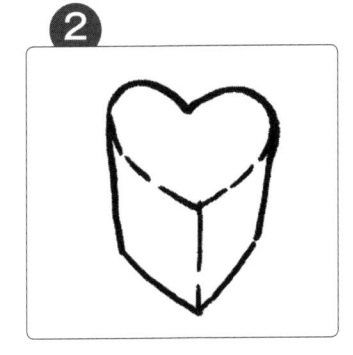

1 消しゴムにデザインをかく。

2 カッターで形を切り取る。

3 布用のインクでスタンプを押す。

Point
● 形を彫るよりも、輪郭で切り取ったほうがつくりやすいです。

FUROSHIKI ミニ知識

ふろしきのサイズと用途

ふろしきには小さなものは約45cmから、大きなものは布団も包める約230cmまで、さまざまな大きさがあります。包むものの大きさや用途に合わせて使い分けましょう。

七幅（約230cm）
布団・ダブルベッドの上掛けなど

六幅（約200cm）
布団・シングルベッドの上掛けなど

五幅（約175cm）
座布団・こたつ上掛けなど

四幅（約130cm）
座布団・ソファーカバーなど

三幅（約105cm）
テーブルクロスなど

二尺四寸幅（約90cm）
エコバッグ包み・のれん・テーブルクロスなど

二尺幅（約75cm）
二幅よりもひと回り大きなサイズ

二幅（約68cm）
一般的なサイズ・菓子折りなど

一尺三寸幅（約50cm）
お弁当・帽子・ポーチなど

中幅（約45cm）
金封包みなど、小さなものなど

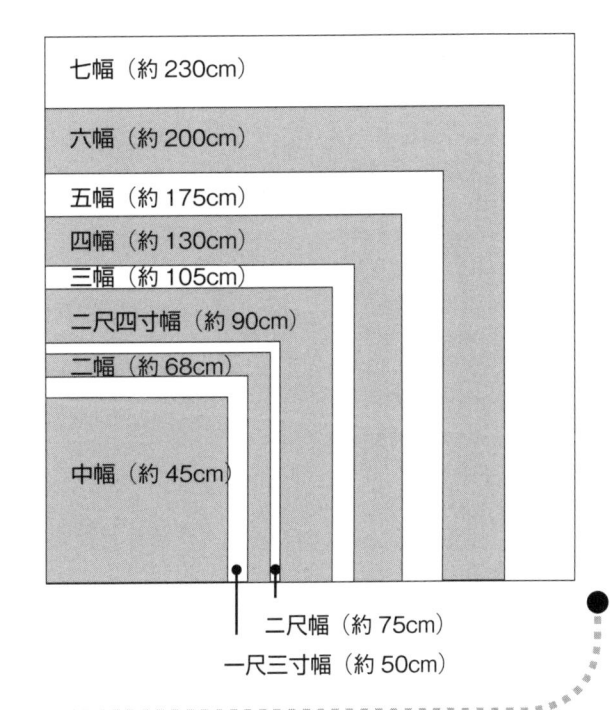

ふろしきで遊ぼう

簡単アップリケつきふろしき

ひと手間かけて、自分だけのアップリケつきふろしきをつくってみましょう。
アップリケは取り外し可能なので、何度も使えます。

用意するもの
ふろしき、フェルト、両面テープ

① 
フェルトを好きな形に切りぬき、裏側に両面テープを貼る。

② 
ふろしきに貼りつける。

Point
- 両面テープは、幅広の少し強めのものを使いましょう。
- 結びにくくなるので、角の近くには貼らないようにしましょう。

★ふろしきを結んでから、好きな位置に貼ってもよい。

かわいいでしょ♬

ふろしきで遊ぼう

シュシュ

用意するもの
布 15cm × 50cm くらい
ゴムひも 15cm くらい

タマネギ染めした布や端切れを使ってつくりましょう。

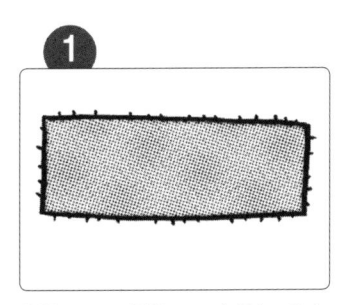

① 15cm × 50cm くらいの布を用意する。

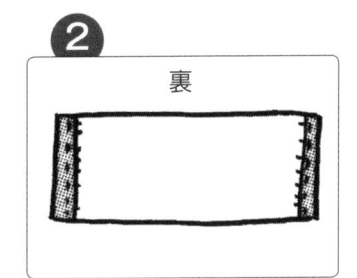

② 左右の辺を裏側に1回折り返してなみ縫いする。

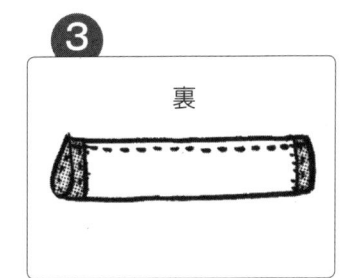

③ 裏が出るように上下に折ってなみ縫いし、筒状にする。

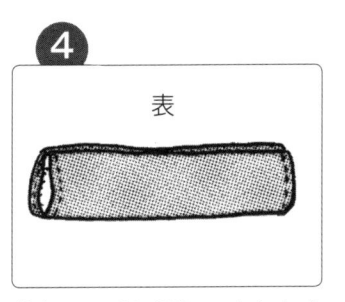

④ 筒をひっくり返して表を出す。

⑤ ゴムひもを通し、しっかりと真結びする。この時点で、ゴムの緩さがちょうどよいか確認する。

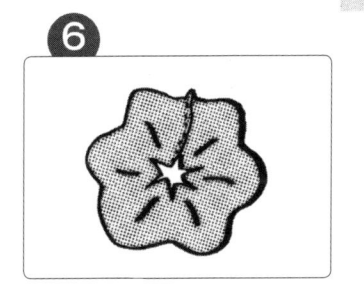

⑥ 筒の両端を合わせてなみ縫いしてつなげる。

Point
- あらかじめゴムひもを手首や髪に結んでみて、長さを調節しておきましょう。

ふろしきで遊ぼう

プロフィール

横山 功 (よこやま いさお)

ふろしきライフデザイナー。
1979年浅草生まれ。武蔵野美術大学卒。
大学在学中、使い捨てのごみを減らすためにふろしきを使いはじめ、便利さと無限の可能性に魅せられる。
日々、ふろしきと親しむ中で新たに多彩な使い方も生み出し、「ふろしき王子」としてテレビや新聞で紹介される。
現在は、和文化・エコロジー・アウトドア・防災と万能なふろしきの使い方を伝えるワークショップを各地の学校や施設で開催している。ふろしきも自宅で藍染し、手づくりしている。
東京都日野市多摩平在住。
ブログ　http://blog.goo.ne.jp/isamix99

編集●内田直子
イラスト●水野ぷりん　結び方イラスト●横山　功
作品撮影●福田文男　スナップ写真●横山　功
ブックデザイン●渡辺美知子デザイン室

・・・・・・・・・・・・・・・・・・・・・・・・・・・・・
1枚の布で包む・結ぶ・折る ふろしきで遊ぼう

2012年3月22日　第1刷発行

著者●横山　功 ©
発行人●新沼光太郎
発行所●株式会社いかだ社
〒102-0072　東京都千代田区飯田橋2-4-10　加島ビル
Tel.03-3234-5365　Fax.03-3234-5308
振替・00130-2-572993
印刷・製本　株式会社ミツワ
乱丁・落丁の場合はお取り換えいたします。
・・・・・・・・・・・・・・・・・・・・・・・・・・・・・
ISBN978-4-87051-351-8
本書の内容を権利者の承諾なく、営利目的で転載・複写・複製することを禁じます。